DEIN DIGITALES BACKERLEBNIS!

DIE AUGMENTED REALITY APP SNOOPSTAR VERWANDELT AUSGEWÄHLTE SEITEN DIESES BUCHES IN EINE BACKSHOW!

Ob Käsekuchen, Lemon Upside Down Cake oder Bananenbrot – uns verbindet die Leidenschaft zum Backen! Mit der snoopstar App kannst du ab sofort noch mehr Inhalte auf den Seiten **4, 6, 55, 57, 81, 107 & 133** dieses Buches entdecken:

- **Tutorial-Videos zum Nachbacken**
- **Rezeptvideos und Anleitungen**
- **Praktische Tipps für aufwändige Rezepte**
- **Rabatt-Gutschein und vieles mehr**

UND SO GEHT'S

DIESEN QR-CODE SCANNEN	**SNOOPSTAR KOSTENLOS LADEN**	**GESAMTE SEITE SCANNEN**	**AR INHALTE ERLEBEN!**

NEUGIERIG?

snoopstar

GANZE SEITE SCANNEN UND MEHR ÜBER DAS BUCH UND DEN VERLAG ERFAHREN.

ANLEITUNG SIEHE SEITE 3.

INHALT

BACKBEGEISTERT?

snoopstar

GANZE SEITE
SCANNEN UND
MEHR ÜBER
„MEINE BACKBOX"
ERFAHREN.

ANLEITUNG
SIEHE SEITE 3.

MEINE
ACKBOX

MEINE
BACKBOX

MEINE
BACKBOX

VORWORT

Als ich vor einigen Jahren meinen Backblog startete, hätte ich mir nicht annähernd träumen lassen, was sich daraus mal entwickeln würde! Inzwischen ist aus einem leidenschaftlichen Freizeitvergnügen, ein Startup geworden. Mit einem mehrköpfigen Team, das mich bei allem – von der Rezeptentwicklung bis zur Auslieferung der Boxen – unterstützt. Fans aus ganz Deutschland beziehen die Boxen und unsere stetig wachsende Back-Community setzt unsere Ideen fleißig um und tauscht sich mit uns rege aus. Das erste Begleit-Buch mit einer Auswahl an Highlight-Rezepten ist dabei für mich ein weiterer Meilenstein, der mich auch mit Stolz erfüllt.

Mit „Meine Backbox" wagte ich schließlich nicht nur den Sprung in die zeitintensive Selbständigkeit, sondern erfüllte mir vor allem einen Herzenswunsch: Die Möglichkeit meine Kreativität mit der Liebe zum Design und der Leidenschaft zum Backen zu verbinden und mein Wissen rund um Cupcakes, Torten und Co. mit anderen zu teilen! Es macht mir Spaß, neue Produkte zum Backen und Dekorieren zu entdecken, mal ganz andere Backkreationen – egal ob süß oder salzig – zu entwerfen oder die traditionellen Rezepte der tollen Kuchen meiner Oma ein bisschen abzuwandeln, sodass sie einen anderen, vielleicht ja sogar noch besseren Geschmack haben.

Bereits während meines Studiums habe ich Backkurse gegeben und konnte die erstaunten Teilnehmer:innen von der Einfachheit meiner Rezepte mit Gelinggarantie überzeugen. Voraussetzung: Die richtigen Zutaten und das passende Equipment zum Backen – und Dekorieren. Buttercreme ist eben nicht einfach Buttercreme. Denn: Mit welcher lassen sich die wunderbaren Cupcakes am besten verzieren? Ich liefere mit „Meine Backbox" also nicht nur die Ausstattung und Zutaten, sondern teile auch mein langjährig „erbacktes" Wissen mit dir, um die besten Ergebnisse zu erzielen. Ausgewählte Seiten des Buchs sind dabei via App besonders digital erlebbar und liefern dir spannende Zusatzinformationen, beispielsweise in Form von Video-Tutorials mit Schritt für Schritt Erklärungen & Co. – viel Freude beim Ausprobieren!

In diesem ersten Backbuch von „Meine Backbox" finden sich daher ausschließlich ausgewählte Lieblingsrezeptideen zum unkomplizierten Nachbacken. Sie sind für alle zu bewältigen, die Lust am kreativen Backen haben und sich hier „austoben" möchten. Zu jedem Rezept findest du übrigens die passende Video-Anleitung entweder hier im Buch auf ausgewählten Seiten über die snoopstar App oder auf unserem Blog.

Viel Spaß dabei wünscht dir

deine Jenny

SO WIRD DAS LEBEN SÜSSER –
VON TEDDYS BACKBUCH ZU
„MEINE BACKBOX"

Manche Leidenschaften beginnen früh im Leben. Bei Jennifer Kraus sogar bereits im zarten Kindesalter. Für die studierte Kommunikationsdesignerin aus Frankfurt am Main gab es nämlich nie etwas Schöneres, als mit ihrer Mutter und Großmutter in der Küche zu sein und beim Backen helfen zu dürfen. Eier trennen, mit Zucker aufschlagen, Biskuit- und Rührteig zubereiten, Mürbe- und Hefeteig kneten und – selbstverständlich – die Ergebnisse dieser Backtätigkeiten hingebungsvoll verzieren. Besondere Passion der damals Sechsjährigen: Amerikaner, dieses wunderbare Feingebäck mit den beiden unterschiedlich farbigen Glasurhälften. Kein Wunder also, dass das Lieblingsbuch der kleinen Jenny „Teddys Backbuch" war (Anmerkung: Jenny hat dieses Buch immer noch!).

Während die heutige Jungunternehmerin leicht verschämt zugibt, dass sich während der Pubertät die Leidenschaft für Backzutaten und dergleichen in eine andere Richtung entwickelte, entflammte diese erneut 2008. Auf einer Reise durch die Vereinigten Staaten entdeckt sie nämlich in New York etwas für sie bis dahin in dieser Form noch Unbekanntes: die amerikanischen Cupcakes. Die fluffigen Küchlein im handlichen Format mit ihren quietschbunten Butter- und Frischkäsecreme-Krönchen ziehen sie geradezu magisch in die Magnolia Bakery und in ihren Bann. „Ein Biss und es war um mich gescheh'n!", sagt sie. Also beschließt sie nach ihrer Rückkehr an den Main, selbst Kuchen im Tassenformat nach US-Originalrezept anzubieten, eröffnet die allererste Cupcake Location in der Frankfurter Innenstadt, ein Jahr später die zweite im Nordend. Nebenbei studiert sie, wenn sie nicht lernt, backt sie in ihrer „Zuckerwerkstatt" alle möglichen Arten von kleinen Köstlichkeiten und tüftelt an Rezepten und besonderen Zutaten. Im Anschluss an ihr Kommunikationsdesign-Studium arbeitet Jennifer Kraus als Art Director in einer bekannten Frankfurter Werbeagentur, bloggt in ihrer Freizeit und beschließt nach drei Jahren im Angestelltenverhältnis erneut den Sprung in die Selbstständigkeit. Für sie eine logische Konsequenz, das zu verbinden, was sie leidenschaftlich gern macht: Kreativität und Backen. „Meine Backbox" ist ein einzigartiges Produkt in einer Nische, die noch nicht erschlossen war,

MEINE BACKBOX

bis Jenny auf die Idee kam, alle nötigen Produkte plus Rezepte in einem Paket anzubieten, um so selbst das Leben bunter und süßer zu gestalten.

Praktischer geht es kaum: „Meine Backbox" liefert überraschende Highlights, alles liebevoll zusammengestellt und verpackt. Video-Tutorials zeigen leicht verständlich, wie die Zubereitung funktioniert und worauf man achten sollte. Wer mag, abonniert die Boxen fürs ganze Jahr oder probiert sie erst einmal aus und bestellt sich eine einzelne. Die Zahl der Abonnent:innen steigt kontinuierlich, die Produktpalette ebenfalls, in der Box landet nur, was Jenny und ihr Team ausprobiert und für gut befunden haben. Verschickt wird übrigens nicht nur innerdeutsch, sondern auch ins europäische Ausland wie in die Niederlande, nach Österreich und in die Schweiz, nach Belgien sowie Luxemburg. Für eine Kundin, die ausgewandert ist und nicht auf den Genuss der köstlichen Produkte und Rezepte verzichten wollte, wird die Box sogar bis nach Schweden versendet.

Die Rezepte in der Box sind so überraschend wie alles, was die Abonnent:innen in den Paketen nach dem Öffnen finden. Besondere Backprodukte wie kleine Winkelpaletten oder spezielle Weihnachtsbackformen und alle außergewöhnlichen Zutaten, sodass niemand erst umständlich auf die Suche gehen muss. Saisonal abgestimmt, gibt es für die Jahreszeit passende Überraschungsboxen. Wenn du dich selbst einmal von der Box überzeugen möchtest, kannst du auf Seite 6 mit dem Gutscheincode 5 € sparen – einfach die Seite mit der snoopstar App scannen (Anleitung siehe S. 3).

Mit den richtigen Ideen, Rezepten und Produkten kann jeder ganz einfach tolle Kreationen backen! Das ist Jennys Motto. Wer dies ausprobieren möchte, findet auf den folgenden Seiten 55 Rezeptideen, die genau das bestätigen.

DIE BOX

„Meine Backbox" bringt neue Ideen und Produkte rund ums Backen direkt nach Hause. In perfekt abgestimmten Themen-Boxen erhälst du ausgewählte Rezepte mit spannenden Zutaten und Dekorationen sowie hochwertige Werkzeuge und Materialien. **Die besten Rezepte der bisherigen Boxen findest du in diesem Buch.**

DIE REZEPTE

Weihnachtliche Tannenbaum-Plätzchen, gelingsichere Torten, liebevolle Herz-Lebkuchen– mit den Rezepten von „Meine Backbox" wirst du kreativ und lernst spielend neue Techniken kennen.

DIE ZUTATEN

Die Zutaten, die du zum Backen der Rezepte benötigst, findest du alle in einem gut sortierten Supermarkt. Hier dürfen neue Backtrends natürlich nicht fehlen!

EINMAL UM DIE GANZE WELT

In diesem Kapitel bekommst du die besten internationalen Leckereien direkt zu dir nach Hause. Wir haben für dich super interessante Rezepte, die sonst nicht tagtäglich auf dem Kuchenteller landen, wie z. B. der japanische Käsekuchen oder die Nanaimo Bars. Unsere Weltreise bringt dir tolle Backideen aus Kanada, den USA, aus Brasilien, Japan und vielen weiteren Ländern. Besser kann der Urlaub daheim in der eigenen Küche doch gar nicht werden!

TIPP Der japanische Käsekuchen kann auch warm serviert werden.

JAPANISCHER KÄSEKUCHEN MIT CHAI- UND ZITRUSNOTE

Zubereitung: 25 Minuten
Back-/Ruhezeit:
1 Stunde 30 Minuten
Portionen: 8 Kuchenstücke

2 TL Orangenmarmelade
120 g Frischkäse
40 g Milch
30 g Butter
¼ TL Salz
40 g Weizenmehl
15 g Speisestärke
5 Eier (Große M)
100 g Zucker
1 TL Abrieb von 1 unbehandelten
Zitrone
1 TL Zitronensaft
etwas Chai-Gewürz

ZUBEHÖR
Springform (Ø 20 cm)

1. Zur Vorbereitung den Boden der Springform mit Backpapier belegen und die Ränder einfetten. Ein Backblech in die zweite Schiene von unten schieben und den Backofen-Grillrost daraufsetzen.

2. Die Marmelade, Frischkäse, Milch und Butter zusammen in einen Topf geben und schmelzen lassen, bis sich die Marmelade aufgelöst hat. Das Salz mit dem Mehl und der Speisestärke vermischen und auf die Frischkäsemasse sieben. Verrühren, bis eine homogene cremige Masse entsteht. Die Eier trennen. 4 Eigelb zur Frischkäsemasse geben sowie die Hälfte des Zuckers und den Zitronenabrieb. Alles verrühren.

3. Die Eiweiße mit dem Schneebesen eines Rührgeräts aufschlagen. Wenn es leicht schaumig wird, den Zitronensaft hinzugeben und weiter aufschlagen. Dann den restlichen Zucker langsam einrieseln lassen, bis sich leichte Spitzen bilden. Der Eischnee sollte nicht zu fest werden, muss aber natürlich trotzdem standfest sein. Nach und nach vorsichtig unter die Eigelbmasse heben, am besten mit einem Schneebesen. Nach Wunsch mit etwas Chai-Gewürz würzen.

4. Masse in die Springform füllen und auf den Grillrost stellen. In das Backblech darunter heißes Wasser einfüllen. Den Backofen nun anschalten und bei 150 °C Ober-/ Unterhitze für ca. 35 Minuten backen. Danach die Backofentür kurz öffnen und wieder schließen. Die Temperatur auf 125 °C herunterdrehen und für weitere ca. 45 Minuten backen. Danach den Backofen ausschalten, die Tür nochmals kurz öffnen und wieder bei geschlossener Tür für ca. 10 Minuten in der Resthitze stehen lassen. Aus dem Ofen nehmen und leicht abkühlen lassen. Vorsichtig den Springformrand ablösen, dann den Kuchen vorsichtig auf ein Kuchengitter stürzen. Sofort wieder richtig herumdrehen. Mit Puderzucker bestäuben.

BANOFFEE PIES MIT DULCE DE LECHE

Zubereitung: 50 Minuten
Back-/Ruhezeit: 2 Stunden
Portionen: 6 Stück

KEKSBODEN
100 g Butterkekse
70 g Butter

DULCHE DE LECHE
150 g Vollmilch
100 g Sahne
100 g Zucker
1 Pck. Bourbonvanillezucker
1 Prise Salz
1 TL Natron

TOPPING
70–100 g Sahne
1–2 Bananen
etwas Zitronensaft
Schokoraspel

ZUBEHÖR
Blitzhacker oder
Gefrierbeutel und Teigroller
6 Mini-Tarteformen
Schnapsglas

1. Den Backofen auf 170 °C Ober-/Unterhitze vorheizen. Die Butterkekse mit dem Blitzhacker sehr fein hacken. Alternativ Butterkekse in kleinere Stücke brechen und in einem Gefrierbeutel mit dem Teigroller klein bröseln. Butter zerlassen und mit den Butterkeks-Bröseln vermengen. Je 2 EL der Masse in die gefetteten Formen geben und mit einem Löffel festdrücken. Mit einem Schnapsglas in die Mitte kleine Mulden drücken und die Ränder noch- mals andrücken. Es sollte alles gut festgedrückt sein und eine saubere Kante haben. Für 8–10 Minuten im Ofen backen. Nach dem Backen nochmals die Mulden etwas „nachdrücken". Den Keksboden in der Form abkühlen lassen.

2. In der Zwischenzeit die Dulche de Leche herstellen. Dazu Milch, Sahne, Zucker, Vanillezucker und Salz in einen hohen Topf geben und zum Kochen bringen. Den Topf vom Herd nehmen und das Natron hinzugeben (Achtung, es kann ein wenig schäumen!) und gut verrühren. Auf mittlerer Stufe für 30–35 Minuten köcheln lassen. Immer wieder gut umrühren. Die letzten 5 Minuten unbedingt rühren, sodass eine sämige Konsistenz entsteht. Um zu überprüfen, ob die Dulche de Leche fertig ist, 1 EL der Masse auf einen kalten Teller geben. Mit der Rückseite des Löffels über die Masse fahren, damit sie sich in zwei Hälften teilt. Fließen sie nicht mehr zusammen, ist die gewünschte Konsistenz erreicht.

3. Nun die Dulce de Leche in die Mulden des Keksbodens geben. In der Form weiter auskühlen lassen und für ca. 2 Stunden in den Kühlschrank stellen.

4. Kurz vor dem Servieren Sahne aufschlagen und Bananen in Scheiben schneiden. Die Keksböden vorsichtig aus den Formen lösen und je 5–6 Bananenscheiben auf die Böden legen. Damit die Bananen nicht braun werden, mit etwas Zitronensaft beträufeln. Die geschlagene Sahne auf den Bananen verteilen. Zur Dekoration noch mit Schokoraspeln bestreuen.

NANAIMO BARS

Zubereitung: 20 Minuten
Back-/Ruhezeit:
1 Stunde 30 Minuten
Portionen: 12 Kuchenstücke

SCHOKOBODEN
120 g Butter
55 g Zucker
5 EL Backkakao
1 Ei (Größe M)
150 g Knuspermüsli
(z. B. von Brüggen)
50 g Kokosraspel

CREMESCHICHT
150 g weiche Butter
50 g Milch
3–4 EL Vanille-Puddingpulver
200 g Puderzucker

SCHOKOLADENSCHICHT & DEKORATION
120 g Zartbitterschokolade 75 %
30 g Butter
etwas Streudekor

ZUBEHÖR
Auflaufform (ca. 27 cm x 18 cm)

1. Die Auflaufform mit Backpapier auslegen. Für den Schokoboden in einem Topf Butter und Zucker schmelzen. Kakaopulver hinzugeben und gut verrühren. Den Topf vom Herd nehmen, das Ei dazugeben und ca. 30 Sekunden einrühren, bis die Masse eindickt. Das Knuspermüsli dazugeben und nach Wunsch auch die Kokosraspel. Alles gut verrühren. Die Masse dann in die vorbereitete Auflaufform geben und glatt verstreichen. In den Kühlschrank stellen.

2. Für die Cremeschicht die Butter zusammen mit der Milch, dem Puddingpulver und dem Puderzucker mit dem Schneebesen eines Rührgeräts ca. 3–5 Minuten kräftig aufschlagen, bis die Creme fast weiß ist und keine Zuckerkristalle mehr zu spüren sind. Die Auflaufform aus dem Kühlschrank nehmen und die Creme glatt darin verstreichen. Für 30–60 Minuten in den Kühlschrank stellen, bis die Creme recht fest ist.

3. Die Zartbitterschokolade im Wasserbad schmelzen. Darauf achten, dass sie nicht zu heiß wird. Die Butter dazugeben und verrühren, bis sie geschmolzen ist. Die Schokolade dann auf die Creme geben und vorsichtig glatt streichen. Am Ende die Auflaufform einige Male auf den Tisch klopfen, damit die Schokoladenschicht ganz glatt wird und sich ggf. Luftblasen lösen. Für ca. 30 Minuten kalt stellen. Die Schokolade sollte fester werden, aber noch weich genug sein, damit man sie schneiden kann, ohne dass sie bricht.

4. Die fertige Masse dann aus der Auflaufform nehmen und mit einem großen Messer in ca. 12 Stücke schneiden. Mittig auf die Stücke das Streudekor geben.

LEMON-CHEESECAKE-EISCREME

Zubereitung: 30 Minuten
Gefrierzeit: 6 Stunden
Portionen: 1 Liter Eiscreme

ZITRONENSOSSE
200 g Zitronensirup

COOKIE DOUGH
40 g Zitronen-Waffeln
15 g flüssige Butter
1 EL Weizenmehl
1 EL Zitronensirup

EISCREME
100 g Frischkäse
50 g Schmand
3 EL Zitronensirup
200 g gezuckerte Kondensmilch
300 g Sahne

1. Für die Zitronensoße den Sirup ca. 2,5–3,5 Minuten auf höchster Stufe in einem Topf kochen lassen (Achtung: Sollte der Sirup anfangen, dunkler zu werden, direkt vom Herd nehmen). Zitronensoße 2–3 Stunden abkühlen lassen, sie sollte dann eine honigartige Konsistenz haben. Um die Konsistenz zu testen, einfach nach dem Kochen eine kleine Menge auf einen kalten Teller geben. Ggf. weiterköcheln lassen.

2. Für den Cookie Dough ¾ der Waffeln sehr fein zerkleinern und ¼ grob hacken. Zusammen mit der flüssigen Butter, Mehl und Sirup verrühren und danach im Kühlschrank fest(er) werden lassen.

3. Währenddessen für die Eiscreme Frischkäse, Schmand, Sirup und die Kondensmilch mit einem Schneebesen per Hand klümpchenfrei verrühren. Mit dem Schneebesen eines Rührgeräts die Sahne steif schlagen und portionsweise vorsichtig unter die Frischkäse-Masse heben. Die Eis-Masse nun in ein gefrierfähiges Gefäß füllen. Den Waffel-Keksteig aus dem Kühlschrank nehmen und Streusel herausbrechen.

4. Zusammen mit der Hälfte der Zitronensoße nach und nach unter die Eis-Masse „verswirlen". Für mind. 6 Stunden im Gefrierschrank gefrieren lassen oder in eine Eismaschine geben.

5. Das gefrorene Eis vor dem Servieren einige Minuten antauen lassen. Die restliche Zitronensoße nach Wunsch auf dem Eis verteilen.

QUINDIM KOKOS-PUDDING

Zubereitung: 10 Minuten
Back-/Ruhezeit: 25 Minuten
Portionen: 8 Stück

60 g Kokosraspel
60 g fertige Vanillesoße
60 g (Kokos-)Milch
etwas weiche Butter
6 Eigelb
120 g Zucker
150 g Sahne
8 frische oder getrocknete
Physalis

ZUBEHÖR
12er Cupcake-Backform
Spritzbeutel mit Sterntülle

1. Den Backofen auf 170 °C Umluft vorheizen. In einer Schüssel die Kokos-raspeln mit der Vanillesoße und (Kokos-)Milch vermischen und etwas ziehen lassen.

2. 8 Mulden der Backförmchen mit der Butter ordentlich einfetten und zuckern. Dies ergibt den Glanz später beim Ausbacken, hier gilt also mehr ist mehr. Die Eigelbe mit dem restlichen Zucker zu den Kokosraspeln hin-zugeben. Mit einem Schneebesen von Hand gut verrühren und etwas auf-schlagen.

3. Die Kokosmasse in die Förmchen füllen und die Form auf ein Backblech stellen. Dieses mit heißem Wasser befüllen, sodass die Förmchen etwa bis zur Hälfte im Wasserbad stehen. Für 20–25 Minuten backen, bis sie an der Oberfläche leicht gebräunt sind.

4. Nach dem Backen etwas abkühlen lassen und ggf. mithilfe eines Messers aus den Förmchen lösen. Vor dem Servieren die Sahne aufschlagen, in den Spritzbeutel füllen und in die Mulden spritzen. Mit je einer Physalis dekorieren. Die Quindims können leicht warm, aber auch kalt serviert werden.

TIPP Die übrigen Eiweiße können ent-weder für den japanischen Käsekuchen genutzt oder problemlos eingefroren werden.

LEMON UPSIDE DOWN CAKE

Zubereitung: 30 Minuten
Back-/Ruhezeit: 45 Minuten
Portionen: 8 Kuchenstücke

3 unbehandelte Zitronen
120 g Margarine
75 g PANELA Bio-Vollrohrzucker
(z. B. von GUATAVITA de COLOMBIA)
10 g Ei-Ersatz
100 ml Sprudelwasser
125 g Dinkelmehl
2 geh. TL Backpulver
25 g Speisestärke
1 Prise Salz

ZUBEHÖR
Reibe
Springform (Ø 20 cm)

1. Die Zitronen waschen und gut trocknen. Zwei der Zitronen in dünne Scheiben schneiden. Die Schale der dritten Zitrone fein abreiben und den Saft auspressen. Abrieb und Saft zur Seite stellen.

2. Den Backofen auf 160 °C Umluft vorheizen. Den Boden der Springform so mit Backpapier auslegen, dass das Papier noch ein wenig am Rand hochgeht (damit beim Backen nichts ausläuft).

3. 20 g Margarine in einem Topf erwärmen. Wenn sie flüssig ist, auf dem Backpapier in der Springform verteilen und den Rand etwas einfetten. 20 g Vollrohrzucker gleichmäßig darauf verteilen. Nun die erste Zitronenscheibe mittig in die Springform legen. Die restlichen Scheiben etwas überlappend wie eine Blume darum herum platzieren, sodass der Zucker-Boden komplett bedeckt ist.

4. Die restliche Margarine mit dem restlichen Zucker und 2 EL des Zitronensafts ca. 3 Minuten mit den Schneebesen des Rührgeräts kräftig aufschlagen, bis die Masse cremig ist. Den Ei-Ersatz mit Sprudelwasser klümpchenfrei verrühren und zur Margarinemasse hinzufügen. Alles nochmals gut aufschlagen. Das Dinkelmehl mit Backpulver, Speisestärke, Salz und dem Zitronenabrieb mischen. Zur Teigmasse geben und nur noch kurz unterrühren, bis eine homogene Masse entsteht.

5. Den Teig vorsichtig und gleichmäßig auf den Zitronen in der Springform verteilen. Auf ein mit Backpapier ausgelegtes Backblech stellen und 45–50 Minuten backen.

6. Nach dem Backen nur kurz abkühlen lassen. Vorsichtig den Kuchenrand von der Springform lösen und den Kuchen stürzen. Das Backpapier ablösen und den Kuchen komplett abkühlen lassen.

TIPP Wer nicht vegan backen möchte, nimmt einfach 2 Eier (dann das Sprudelwasser weglassen).

MANDEL-LAVA-CAKES

Zubereitung: 20 Minuten
Back-/Ruhezeit: 3 Stunden
Portionen: 6 Stück

TEIG

45 g Zartbitterschokolade 75 %
60 g Margarine
2 Eier (Größe M)
50 g Zucker
40 g gemahlene Mandeln
1 Prise Salz
1 geh. EL Backkakao

WEITERHIN

ca. 80 g Mandelcreme
etwas Margarine
etwas Backkakao

ZUBEHÖR

6er Muffinblech oder Muffin-förmchen
Spritzbeutel

1. Die Mandelcreme kalt stellen. Die Mulden im Muffinblech einfetten und mit Kakao bestäuben. Sauber arbeiten, damit die Lava Cakes später beim Stürzen nicht kleben bleiben. Alternativ können auch Muffinförmchen benutzt werden, hier den Boden aber ebenfalls bestäuben.

2. Nun die Schokolade zusammen mit der Margarine im Wasserbad schmelzen und etwas abkühlen lassen. Die Eier mit dem Zucker ca. 3 Minuten mit den Schneebesen eines Rührgeräts schaumig aufschlagen, bis die Masse hellcremig ist. Danach die geschmolzene Schokomasse vorsichtig unterrühren. Gemahlene Mandeln sieben und mit Salz und dem Kakao vorsichtig unter den Teig heben.

3. Den Teig in einen Spritzbeutel geben. Nun die 6 Muffin-Mulden zu etwa einem Drittel bis max. zur Hälfte mit Teig befüllen und für ca. 10 Minuten in den Gefrierschrank stellen.

4. Nach dem Kühlen je 1–2 TL Mandelcreme in die Mitte des Teigs setzen.

5. Den restlichen Teig jeweils auf die Mandelcreme geben und dann für mind. 2 Stunden oder länger in den Kühlschrank stellen.

6. Den Backofen auf 180 °C Ober-/Unterhitze vorheizen. Das Muffinblech aus dem Kühlschrank nehmen und im Ofen für ca. 14 Minuten backen. Nach dem Backen noch warm das Muffinblech stürzen. Dazu vorher vorsichtig die Ränder leicht lösen, sodass die Lava Cakes nicht kleben bleiben. Zum Schluss nochmals mit gesiebtem Backkakao bestäuben und warm servieren.

GLUTEN FREI

MINI-BANANENBROTE

Zubereitung: 20 Minuten
Back-/Ruhezeit: 20 Minuten
Portionen: 8 Stück

TEIG

40 g Walnüsse
4–5 reife Bananen
4 Eier (Größe M)
145 g weiche Butter
1 Prise Salz
75 g Kokosmehl
2 gestr. TL Backpulver
2 TL Zimt
1–2 EL Pflanzendrink
etwas Zitronen-/Limettensaft

ZUBEHÖR

8 rechteckige oder runde
Papierbackförmchen

1. Den Backofen auf 175 °C Umluft vorheizen und die Walnüsse hacken.

2. Die Bananen mit einer Gabel zerdrücken. Zusammen mit den Eiern, der Butter und dem Salz in eine Rührschüssel geben und mit dem Schneebesen eines Rührgeräts vermengen.

3. Sobald alles vermischt ist, das Kokosmehl, Backpulver und Zimt hinzufügen und so lange gut verrühren, bis ein gleichmäßiger Teig entsteht. Etwas Pflanzendrink sowie die gehackten Walnüsse unterrühren.

4. Den Teig in die Papierförmchen füllen und die Bananenbrote für 20 Minuten im Backofen backen, bis die Stäbchenprobe sauber bleibt. Abkühlen lassen und genießen.

TIPP Du kannst die Dekoration nach deinen Wünschen anpassen: z. B. eine Banane in dünne Scheiben schneiden und auf den Teig legen und mitbacken. Damit die Bananen beim Backen nicht braun werden, etwas Zitronen- oder Limettensaft auf die Scheiben träufeln. Weiterhin kannst du noch halbe oder gehackte Walnüsse (zusätzlich) auf den Teig streuen bzw. auf den Teig legen.

AUF DIE HAND, IN DEN MUND

Wie der Name dieses Kapitels schon verrät, findest du auf den kommenden Seiten Köstlichkeiten, für die man weder Löffel noch Gabel benötigt und einfach mit der Hand snacken kann. Zusammen mit Freunden und Familie, auf Partys, beim Grillen, oder auch als kleines Geschenk zum Mitbringen, diese kleinen Happen sind einfach unglaublich praktisch. Cake Pops kennen wahrscheinlich viele, aber wenn die so bunt aussehen wie unsere Buttermilch-Cake-Pops oder so außergewöhnlich schmecken wie unsere süß-salzigen Schoko-Brezel-Pops, dann lohnt sich der Aufwand für diese kleinen Kugeln auf jeden Fall. Versprochen!

CRAFT BEER BROWNIES MIT GEBRANNTEN MANDELN

Zubereitung: 30 Minuten
Back-/Ruhezeit: 7 Stunden
Portionen: 24 Stück

CRAFT BEER BROWNIES
240 g Craft Beer
125 g Butter
60 g Backkakao
200 g Zucker
55 g Zartbitterschokolade 75 %
1 Ei (Größe M)
60 g Weizenmehl
1 Prise Salz

GANACHE
100 g Zartbitterschokolade 75 %
170 g Sahne
1 EL Bierkonzentrat

DEKORATION
gebrannte Mandeln nach Belieben

ZUBEHÖR
Auflaufform (ca. 27 cm x 18 cm)

1. Das Bier in einen Topf geben und aufkochen lassen. Ca. 10 Minuten bei mittlerer Hitze köcheln lassen, sodass sich die Menge auf ein Drittel reduziert (ca. 80 g). Dann auf Handwärme abkühlen lassen.

2. Den Backofen auf 160 °C Umluft vorheizen und eine Auflaufform gut einfetten oder mit Backpapier auslegen. Die Butter mit dem Kakaopulver, Zucker und klein gehackter Schokolade in eine Schüssel geben und in 30-Sekunden-Abständen in der Mikrowelle erwärmen. Dazwischen immer umrühren. Alternativ alles im Wasserbad schmelzen. Kurz abkühlen lassen.

3. Das lauwarme Bier (bis auf 1 EL für die Ganache) und das Ei in die Butter-Schoko-Masse geben. Per Hand mit dem Schneebesen verrühren. Mehl und Salz hinzufügen und kräftig rühren, bis sich alles verbunden hat und eine zähe Masse entsteht. Alles in die vorbereitete Auflaufform geben und für 40–45 Minuten backen. Die Brownies sind fertig, wenn ein hineingestochener Zahnstocher mit feuchten Krümeln herauskommt (aber kein roher Teig). Komplett abkühlen lassen.

4. Für die Ganache die Schokolade in kleine Stücke brechen und in eine Schüssel geben. Sahne in einem Topf erhitzen. Nicht aufkochen! Sobald die Sahne kurz vor dem Aufkochen ist, vom Herd nehmen. Die Sahne über die Schokolade gießen und kurz weich werden lassen. Glatt verrühren (die Schokolade muss sich komplett mit der Sahne zu einer homogenen Masse verbinden) und das Bierkonzentrat dazugeben. Über mehrere Stunden, am besten über Nacht, im Kühlschrank abkühlen und fest werden lassen.

5. Die gebrannten Mandeln nach Wunsch klein hacken. Die abgekühlte Ganache mit einem Löffel kurz verrühren und dabei etwas aufschlagen. Auf den Brownies verteilen und mit den Mandeln bestreuen. Die Ränder abschneiden und die Brownies in quadratische Stücke schneiden. Am besten schmecken die Brownies am nächsten Tag, wenn sie durchgezogen sind.

MINI-SCHOKOLADEN-DONUTS

Zubereitung: 20 Minuten
Back-/Ruhezeit: 2 Stunden
Portionen: 12 Stück

TEIG
60 g Margarine
50 g Rohrohrzucker
1 Ei (Größe M)
110 g Dinkelmehl
1 gestr. TL Backpulver
1 Prise Salz
50 g Buttermilch

DEKORATION
40 g Zartbitterschokolade 75 %
etwas neutrales Pflanzenöl
etwas Streudekor

ZUBEHÖR
Silikon-Backform Mini-Donuts
Spritzbeutel

1. Den Backofen auf 170 °C Ober-/Unterhitze vorheizen.

2. Die Margarine mit dem Zucker ca. 3 Minuten dem Schneebesen eines Rührgeräts zu einer cremigen Masse aufschlagen. Nun das Ei unterrühren, bis eine homogene Masse entsteht. Mehl, Backpulver, Salz und Buttermilch zur Margarine-Ei-Masse geben und nur noch kurz verrühren. Den Teig in einen Spritzbeutel füllen.

3. Die Mini-Donuts-Backform mit Wasser ausspülen und nicht abtrocknen. Den Teig mithilfe des Spritzbeutels in die Silikonform füllen.

4. Auf ein Backblech im Backofen stellen und für 13–15 Minuten backen. Die Donuts kurz abkühlen lassen und vorsichtig aus der Form lösen.

5. Zwei Drittel der Schokolade im Wasserbad schmelzen (Achtung: nicht heißer als 50 °C!). Sobald sie geschmolzen ist, vom Wasserbad nehmen und das restliche Drittel zugeben, bis alles geschmolzen ist (siehe Tipp S. 125), nochmals kurz erwärmen (ca. 33 °C) und etwas Öl zugeben.

6. Je nach Wunsch die Donuts in die Schokolade tauchen und etwas abklopfen, damit die Schokolade glatt wird.

7. Andernfalls die Schokolade in einen kleinen Spritzbeutel füllen und eine kleine Ecke abschneiden oder mit einem Teelöffel feine Linien über den Donuts verteilen. Die Schokolade nur kurz anziehen lassen.

8. Zum Schluss die Donuts beliebig dekorieren. Alles gut trocknen lassen und möglichst frisch am selben Tag verzehren.

BREZEL-POPS MIT SCHOKOLADE

Zubereitung: 40 Minuten
Back-/Ruhezeit: 3 Stunden
Portionen: 24 Stück

BREZEL-POPS
250 g Weizenmehl
½ Pck. Trockenhefe
1 TL Zucker
½ TL Salz
150 g lauwarme Milch (35 °C)
20 g Butter

NATRONLAUGE
1 l Wasser
25 g Natron

DEKORATION
75 g Schokolade
etwas grobes Salz

ZUBEHÖR
24 Cake-Pop-Stiele
Spritzbeutel oder Löffel

1. Das Mehl, Hefe, Zucker, Salz, MIlch und Butter in eine Rührschüssel geben und mit dem Knethaken eines Rührgeräts zu einem geschmeidigen Teig verkneten. Den Teig zugedeckt an einem warmen Ort für ca. 30–40 Minuten aufgehen lassen, bis sich das Volumen fast verdoppelt hat.

2. Ein Backblech mit Backpapier auslegen. Den Teig auf einer leicht bemehlten Arbeitsfläche nochmals kurz durchkneten und dann zu 24 Kugeln rollen (à ca. 13 g). Auf dem Backblech ablegen und abgedeckt weitere ca. 30 Minuten gehen lassen.

3. Den Backofen auf 180 °C Ober-/Unterhitze vorheizen. Für die Lauge Wasser in einem mittleren Topf zum Sieden bringen, nicht kochen! Natron zugeben (Achtung, kann schäumen!). Die Teigkugeln vorsichtig mit einer Schöpfkelle in die Lauge geben, jede Seite für 20–30 Sekunden. Wieder auf das Backblech setzen und ca. 12–15 Minuten backen, bis die Kugeln schön gebräunt sind. Abkühlen lassen.

4. Die Schokolade im Wasserbad (oder in der Mikrowelle) schmelzen. Je einen Cake-Pop-Stiel in etwas Schokolade tauchen und in eine Kugel stecken.

5. Die restliche Schokolade in feinen Linien mit einem Spritzbeutel oder Löffel dekorativ auf den Kugeln verteilen. Zuletzt das grobe Salz darüberstreuen und die Brezel-Pops kalt stellen, damit die Schokolade fest wird.

BUTTERMILCH-CAKE-POPS MIT NUSS-NOUGAT-CREME UND KONFITÜRE

Zubereitung: 45 Minuten
Back-/Ruhezeit:
1 Stunde 30 Minuten
Portionen: 18 Stück

RÜHRKUCHEN

70 g weiche Butter
60 g Zucker
1 Prise Salz
1 Ei (Größe M)
90 g Weizenmehl
1 TL Backpulver
60 g Buttermilch

CAKE-POPS

35–40 g Nuss-Nougat-Creme/
Konfitüre
140 g Candy Melts
1–2 TL Kokosfett
Herz-Mini-Marshmallows nach
Belieben

ZUBEHÖR

Muffinblech/Spring-/Kastenform
Papierförmchen
18 Cake-Pop-Stiele

1. Den Backofen auf 160° C Umluft vorheizen und ein Muffinblech mit Papierförmchen oder eine Spring-/Kastenform vorbereiten.

2. Butter, Zucker und Salz in der Rührschüssel mit dem Schneebesen eines Rührgeräts sehr schaumig schlagen. Das Ei dazugeben und sehr gut unterschlagen, bis eine homogene Masse entsteht, das dauert ca. 3–5 Minuten.

3. Das Mehl mit Backpulver mischen. Die Mehlmischung mit der Buttermilch abwechselnd unterheben und nur noch kurz aufschlagen. Den Teig in die vorbereitete Form geben und zu zwei Dritteln füllen. Ca. 20 Minuten backen, bis die Kuchen auf einen Fingerdruck noch weich reagieren und die Stäbchenprobe sauber bleibt. Abkühlen lassen.

4. Die abgekühlten Kuchen zerbröseln und mit Nuss-Nougat-Creme oder Konfitüre vermengen. Es sollte eine marzipanähnliche Masse entstehen.

5. Etwa 18 g große Teigkugeln aus der Masse zwischen den Händen formen, anschließend 1–2 Stunden kühl stellen.

6. Candy Meltsin einem Wasserbad oder einer mikrowellengeeigneten Schüssel bei 50 % Leistung in der Mikrowelle ca. 1 Minute erwärmen. Kurz umrühren und jeweils wieder bei 50 % Leistung für 30 Sekunden erwärmen und wieder umrühren, bis alles weich ist. Damit die Masse noch weicher wird, das Kokosfett erwärmen und unterrühren.

7. Die Cake-Pop-Stiele mit der Spitze in die Melts tauchen und dann in die gekühlten Kugeln stecken. Nochmals 10–20 Minuten in den Kühlschrank stellen.

8. Wenn die Kugeln gut gekühlt sind, die Melts ggf. nochmal etwas erwärmen. Backpapier bereitlegen. Die Pops in die Melts geben und komplett mit der Glasur bedecken. Am Rand der Schüssel etwas abklopfen, damit die überschüssige Glasur abtropfen kann. Auf das Backpapier stellen und mit den Mini-Marshmallows dekorieren.

Zubereitung: 30 Minuten
Back-/Ruhezeit: 2 Stunden
Portionen: 12 Stück

BISKUIT

3 Eier (Größe M)
45 g Zucker
1 Pck. Bourbonvanillezucker
1 Prise Salz
60 g Weizenmehl
15 g Speisestärke

PUDDINGCREME

100 g Milch
75 g Joghurt
1 Pck. backfeste Himbeer-
Puddingcreme

MARZIPANDECKE

etwas Mango-/Orangensaft
etwas Fruchtaufstrich (z. B.
Aprikose)
70 g Marzipan-Rohmasse
35 g Puderzucker

ZUCKERGLASUR

125 g Puderzucker
2 EL Wasser

DEKORATION

bunte Streusel und
Perlen nach Belieben
Lebensmittelfarbe nach Wunsch

ZUBEHÖR

Pinsel
Teigroller

PETITS FOURS FÜR EILIGE

1. Den Backofen auf 180 °C Ober-/Unterhitze vorheizen. Ein Backblech mit Backpapier auslegen.

2. Die Eier in einer Rührschüssel mit dem Schneebesen eines Rührgeräts kräftig aufschlagen. Zucker, Vanillezucker und Salz dazugeben und weiter aufschlagen, bis eine schon fast weiße, luftige Masse entsteht. Das Mehl und die Speisestärke in die Eiermasse sieben und per Hand unterheben. Den Teig auf das Backblech geben und ganz glatt verstreichen. Für ca. 10 Minuten backen, bis die Oberfläche leicht goldgelb ist.

3. In der Zwischenzeit die Puddingcreme vorbereiten. Dazu die Milch und den Joghurt mit der backfesten Puddingcreme 2–3 Minuten kräftig mit dem Rührgerät aufschlagen.

4. Den fertigen Biskuit aus dem Backofen nehmen und mitsamt dem Backpapier auf ein weiteres Backpapier stürzen. Das Backpapier auf der Unterseite entfernen, solange der Biskuit noch warm ist. Mit einem Pinsel den Biskuit mit Saft beträufeln. Dann der Länge und der Breite nach jeweils halbieren, also vierteln. Ein Viertel zur Seite legen. Auf die drei anderen Viertel die Puddingcreme gleichmäßig auftragen.

5. Etwas Fruchtaufstrich erhitzen und auf das übrige Viertel auftragen (aprikotieren). Die Biskuitteile übereinanderschichten, die aprikotierte Schicht oben auflegen.

6. Die Marzipan-Rohmasse mit Puderzucker verkneten und auf ca. 2 mm dünn ausrollen. Das ausgerollte Marzipan auf die Biskuitschichten auflegen, etwas andrücken und grob am Rand abschneiden. Ein Stück Backpapier und ein Holzbrettchen o. ä. auflegen. Mit z. B. einer Milchpackung beschwert für ca. 2 Stunden kalt stellen.

7. Für die Zuckerglasur den Puderzucker mit dem Wasser und nach Wunsch mit der Lebensmittelfarbe mischen. Auf die Marzipandecke auftragen und glatt verstreichen. Mit bunten Streuseln und Perlen nach Belieben bestreuen und den Zuckerguss fest werden lassen. Die Ränder abschneiden und alles in ca. 4 cm große Petits Fours schneiden.

PORRIDGE-RIEGEL

Zubereitung: 10 Minuten
Back-/Ruhezeit: 30 Minuten
Portionen: 8 Riegel

40 g Butter
50 g Honig
130 g Porridge (Trockenmischung)
100 g Mandel- oder Kokosdrink
20 g Trockenfrüchte
Nüsse nach Belieben

1. Den Backofen auf 150° C Umluft vorheizen. Ein Backblech mit Backpapier auslegen.

2. Die Butter in einer Pfanne schmelzen. Honig zugeben und unter Rühren aufkochen, bis die Masse goldgelb wird. Pfanne vom Herd nehmen, das Porridge sorgfältig unterrühren, bis eine gleichmäßige klebrige Masse entstanden ist. Wieder auf den Herd stellen und den Pflanzendrink dazugeben und unterrühren. Die Masse nochmals kurz erhitzen, bis sich ein Film auf dem Boden der Pfanne gebildet hat, ähnlich wie beim Abbrennen eines Brandteigs.

3. Die getrockneten Früchte in der Masse verteilen. Größere Fruchtstücke etwas kleiner zerbröseln oder schneiden, je nach Wunsch. Ebenfalls können nach Belieben noch Nüsse, z. B. Walnüsse, untergemischt werden.

4. Die gut vermischte Masse ca. 1 cm dick rechteckig auf dem Backblech verteilen und glatt streichen.

5. 15 Minuten backen, kurz aus dem Backofen nehmen und die Masse wenden. Sie sollte sich leicht vom Backpapier lösen lassen. Weitere 15 Minuten backen und etwas abkühlen lassen. Die Ränder ggf. dünn abschneiden und alles in Riegel schneiden. Die Riegel z. B. in Butterbrotpapier gewickelt lagern.

NO BAKE CHEESECAKE BARS MIT BLAUBEEREN UND LIMETTENABRIEB

Zubereitung: 20 Minuten
Portionen: 35 Stück

KEKSBODEN
70 g Vollkornkekse
70 g Kokosmus

CHEESECAKE
230 g kalter Frischkäse
80 g Schmand
3 EL Puderzucker
1 Pck. Bourbonvanillezucker
1 EL Limettensaft
4 EL Fruchtpulver, z. B. Blaubeere
200 g kalte Sahne

DEKORATION
Blaubeeren nach Belieben
Abrieb von 1 unbehandelten
Limette

ZUBEHÖR
Gefrierbeutel oder Frischhaltefolie
Teigroller
Auflaufform

1. Die Kekse in kleine Stücke brechen und in einen Gefrierbeutel füllen oder in Frischhaltefolie wickeln. Mit dem Teigroller zu feinen Krümeln zermahlen. Das Kokosmus im geschlossenen Beutel kurz durchkneten. Zu den Kekskrümeln hinzugeben und vermischen. Wenn das Kokosmus zu fest sein sollte, z. B. in einem Topf auf dem Herd oder in der Mikrowelle bei mittlerer Hitze erwärmen.

2. Eine Auflaufform mit Backpapier so auslegen, dass das Backpapier am Rand etwas übersteht, damit man am Ende alles besser herausbekommt. Die Keksmasse in die Form füllen und mit einem Löffel oder dem Boden eines Glases festdrücken. In den Kühlschrank stellen.

3. Den Frischkäse mit dem Schmand, dem Puderzucker, dem Vanillezucker und dem Limettensaft mit einem Schneebesen cremig rühren. Das Fruchtpulver hinzugeben und verrühren. Die Sahne steif schlagen und unterheben.

4. Frischkäsemasse auf dem Keksboden mit einem Teigschaber verteilen und glatt streichen. Für mind. 3–4 Stunden im Kühlschrank durchkühlen lassen, am besten über Nacht. In kleine Quadrate schneiden und nach Belieben mit Blaubeeren und abgeriebener Limettenschale dekorie

ÉCLAIRS AU CHOCOLAT MIT CRÈME PÂTISSIÈRE

Zubereitung: 30 Minuten
Back-/Ruhezeit:
1 Stunde 30 Minuten
Portionen: 14 Stück

CRÈME PÂTISSIÈRE
190 g Milch
75 g Zartbitterkuvertüre
3 Eigelb
50 g Zucker
15 g Speisestärke

BRANDTEIG
85 g Milch
85 ml Wasser
60 g Butter
1 EL Zucker
1 Prise Salz
95 g Weizenmehl
2 Eier (Größe M)

DEKORATION
100 g Candy Melts
2–3 TL Kokosfett

ZUBEHÖR
2 Spritzbeutel

1. Für die Crème Pâtissière zunächst die Milch im Topf erhitzen und die Kuvertüre darin schmelzen. Die Eigelbe mit dem Zucker in einer Rührschüssel mit dem Schneebesen eines Rührgeräts auf höchster Stufe aufschlagen, bis die Masse (fast) weiß wird. Anschließend die Speisestärke unterrühren.

2. Wenn die Schokolade in der Milch geschmolzen ist, den Topf vom Herd nehmen und 2 EL der Eiermasse unterrühren. Danach die restliche Eiermasse unterrühren und wieder bei schwacher Hitze rühren, bis die Crème dickflüssig wird. In einen Spritzbeutel füllen und komplett abkühlen lassen.

3. Für den Brandteig den Backofen auf 200 °C Umluft vorheizen und das Backblech mit Backpapier auslegen.

4. Währenddessen Milch, Wasser, Butter, Zucker und Salz in einen Topf geben und auf mittlerer Hitze so lange erwärmen, bis die Butter geschmolzen ist. In der Zwischenzeit Mehl in einer Schüssel abwiegen. Die Milch-Butter-Mischung kurz aufkochen und das Mehl auf einmal dazugeben. Weiterhin auf der heißen Herdplatte mit einem Kochlöffel verrühren und so lange rühren, bis sich ein Kloß formt.

5. Diesen in eine Rührschüssel geben und die Eier nacheinander mit dem Schneebesen eines Rührgeräts unterschlagen. Dann auf höchster Stufe 3–5 Minuten aufschlagen. Wenn der Teig schön cremig ist, in einen Spritzbeutel füllen und die Éclairs formen. Diese sollten ca. 8–10 cm lang sein. Bitte darauf achten, dass sich keine Spitzen bilden, dann mit feuchten Fingern nachformen. Im Ofen ca. 6–8 Minuten backen und bei 180 °C für 15 Minuten fertig backen lassen (Backofentür dabei nicht öffnen!). Anschließend bei offener Backofentür abkühlen lassen.

6. Dann mit dem Stiel eines Kochlöffels in die Éclairs stechen. In eine Ecke des Spritzbeutels ein ca. 0,5 cm großes Loch schneiden. Den Spritzbeutel in die Öffnung der Éclairs halten und die Creme hineinspritzen.

7. Die Candy Melts in einer mikrowellengeeigneten Schüssel bei 50 % Leistung in der Mikrowelle für 1 Minute oder über einem Wasserbad erwärmen. Kurz umrühren und jeweils wieder bei 50 % Leistung für 30 Sekunden erwärmen und nochmals umrühren, bis alles weich ist. Kokosfett erwärmen und unterrühren. Die Éclairs mit der Oberseite hineintauchen, ein wenig auf den Tisch damit klopfen, damit die Glasur glatt wird und trocknen lassen. Gut durchkühlen lassen und anschließend servieren.

TIPP Die Lebkuchenherzen können mehrere Wochen in Gebäckdosen aufbewahrt werden. Wenn die Lebkuchen hart werden sollten, bei feuchter Luft oder zusammen mit einem angeschnittenen Apfel (regelmäßig wechseln!) aufbewahren. Dadurch werden sie wieder butterweich.

LEBKUCHENHERZEN MIT ZUCKERSCHRIFT

Zubereitung: 40 Minuten
Back-/Ruhezeit:
1 Stunde 30 Minuten
Portionen: 10 Stück

LEBKUCHENTEIG

125 g Butter
250 g Honig
100 g Zucker
525 g Weizenmehl
1 TL Backpulver
2 EL Lebkuchengewürz
2 EL Backkakao
1 Ei (Größe M)
1 Eigelb (Größe M)

DEKORATION

250 g Puderzucker
1 Eiweiß (Größe M)
etwas Zitronensaft
Jelly Beans nach Belieben

ZUBEHÖR

Herz-Ausstechform (12 cm)
Garnierspritze oder
Spritzbeutel mit
Sterntülle/Lochtülle

1. Die Butter zusammen mit dem Honig und dem Zucker in einem Topf bei mittlerer Stufe unter Rühren erhitzen, so dass sich der Zucker auflöst. Abkühlen lassen.

2. Mehl mit Backpulver, Lebkuchengewürz und Kakaopulver in einer Rührschüssel mischen. Eine Mulde bilden und das Ei und Eigelb hineingeben. Die abgekühlte Honig-Zucker-Masse hinzufügen und mit dem Knethaken zu einem glatten Teig verkneten. In Frischhaltefolie wickeln und 1–2 Stunden bei Raumtemperatur ruhen lassen.

3. Den Backofen auf 180 °C Ober-/Unterhitze vorheizen und ein Backblech mit Backpapier auslegen. Den Teig ca. 1 cm dick ausrollen. Mit der RBV Ausstechform Herzen aus dem Teig ausstechen und auf das Backblech legen. Im Ofen ca. 10 Minuten backen. Nach Wunsch oben zwei kleine Löcher hineinstechen, um die Herzen später aufhängen zu können. Gut abkühlen lassen.

4. Für die Spritzglasur Puderzucker und Eiweiß mit dem Schneebesen eines Rührgeräts gut verrühren. Nach und nach etwas Zitronensaft unterrühren, bis die Glasur dick und spritzfähig ist. In die Garnierspitze oder in einen Spritzbeutel füllen und mit gewünschter Tülle (z. B. die kleine Sterntülle) die Ränder der Herzen dekorieren. Mit der kleinen Lochtülle anschließend nach Wunsch auf das Herz schreiben.

5. Zum Schluss mit den Jelly Beans dekorieren. Diese dazu z. B. in zwei Hälften schneiden und damit Blumen formen oder je eine Ecke abschneiden und sie wie ein Herz zusammenkleben. Mit der Spritzglasur festkleben und gut trocknen lassen.

TIPP Für das gewisse Etwas an Würze verwenden wir bei diesem Rezept das aromatische Lebkuchengewürz von Klenk.

DER OSTERHASE KOMMT

Ostern steht vor der Tür! Das Eierfest ist nicht nur für Kinder ein Highlight. Es sorgt auch dafür, dass die Familie zusammenkommt und man gemeinsam eine schöne Zeit verbringt. Ob zum Osterbrunch oder beim Kaffeetrinken, die Rezepte überzeugen immer. Als Frühlingsbote darf der Osterhase dabei natürlich nicht fehlen. Deshalb haben wir ihm gleich mehrere Rezepte gewidmet. Ebenso ist der Hefezopf zu Ostern ein absoluter Klassiker! Aber kennst du schon die osteuropäische Version – den Babka? Die christliche Version des Babka wird noch heute in Polen und anderen osteuropäischen Ländern als Napfkuchen gebacken und traditionell beim Osterfrühstück am Ostersonntag serviert. In der jüdischen Version besteht er aus zwei ineinander verschlungenen Hefezöpfen und wird in einer Kastenform gebacken. Einfach nur lecker!

EIERLIKÖR-SURPRISE-CAKE

Zubereitung: 40 Minuten
Back-/Ruhezeit: 40 Minuten
Portionen: 8 Kuchenstücke

TEIG
100 g Margarine
80 g Zucker
1 Prise Salz
2 Eier (Größe M)
100 g Weizenmehl
2 TL Backpulver
25 g Speisestärke
90 g Eierlikör oder Vanillesoße
2 EL Backkakao

DEKORATION
1 Beutel/Becher helle
Schokoglasur
Dekorblüten

ZUBEHÖR
Mini-Kastenform (15 cm)
Ausstechform Hase

1. Den Backofen auf 170 °C Umluft vorheizen und die Kuchenform gut einfetten.

2. Anschließend Margarine mit Zucker und Salz in einer Rührschüssel mit dem Schneebesen eines Rührgeräts sehr schaumig schlagen. Die Eier einzeln zufügen und je für eine halbe Minute unterrühren. Alles sehr gut 3–5 Minuten unterschlagen, bis eine homogene Masse entsteht.

3. Währenddessen Mehl mit Backpulver und Speisestärke mischen. Die Mehlmischung dann mit dem Eierlikör oder der Vanillesoße abwechselnd unterheben und nur noch kurz aufschlagen. 150 g des Teigs zur Seite stellen und mit dem Kakaopulver mischen. Ggf. noch etwas Eierlikör unterrühren, wenn der Teig zu zäh wird. Danach den Kakaoteig in die Form geben und 15–20 Minuten backen, bis die Stäbchenprobe sauber bleibt. Etwas abkühlen lassen und vorsichtig aus der Form entfernen.

4. Aus dem dunklen Kuchen mithilfe des Ausstechers Hasen ausstechen; dafür den Kuchen in Scheiben schneiden.

5. Die Form säubern und erneut gut einfetten. Ca. 1 cm hoch den hellen Teig einfüllen und die ausgestochenen Hasen aneinander gereiht mit den Ohren nach oben in den Teig setzen. Mit dem restlichen Teig vorsichtig bedecken und wieder 15–20 Minuten backen, bis die Stäbchenprobe – im hellen Teig – sauber bleibt. Abkühlen lassen und aus der Form lösen.

6. Die Schokoglasur im heißen Wasserbad für ca. 10 Minuten erwärmen. Dann den Kuchen damit übergießen. Zum Schluss mit Dekorblüten verzieren, aufschneiden und überraschen lassen!

OSTERHASEN-KEKSTORTE

Zubereitung: 45 Minuten
Back-/Ruhezeit:
1 Stunde 30 Minuten
Portionen: 16 Kuchenstücke

MÜRBETEIG
250 g kalte Butter
120 g Puderzucker
1 Prise Salz
1 Pck. Bourbonvanillezucker
1 Ei (Größe M)
450 g Weizenmehl

HIMBEER-CREME
500 g kalte Sahne
100 ml Wasser
125 g Sahnefest Himbeere
Amarena-Topping nach Belieben

DEKORATION
Marzipan-Rübli
Himbeeren
Erdbeeren
ungespritzte Blumen zur Dekoration

ZUBEHÖR
Teigroller
Hasenform-Schablone
(zum Ausdrucken die Seite scannen)
Spritzbeutel

1. Zuerst die Butter in kleine Stücke schneiden. Mit Puderzucker, Salz, Vanillezucker, Ei und Mehl mit dem Knethaken eines Rührgeräts verkneten. Anschließend aus der Schüssel nehmen und nur kurz mit kalten Händen glatt verkneten, damit der Teig geschmeidig bleibt. Den Mürbeteig zu einem flachen Ziegel formen. In Folie wickeln und für 30–60 Minuten im Kühlschrank kalt stellen.

2. Den Mürbeteig mit den Händen auf der bemehlten Arbeitsfläche kurz durchkneten. Dann mit einem Teigroller ca. 5 mm dick ausrollen. Am besten schon auf einem Backpapier ausrollen, damit sich der Teig später nicht verformt. Die Hasenform-Schablone auflegen und mit einem Messer die Form nachschneiden. Danach den restlichen Teig entfernen, zu einer Kugel formen, und wieder in Folie gewickelt in den Kühlschrank legen. Den geschnittenen Teig mit Backpapier auf einer geraden Fläche im Gefrierschrank für 10–15 Minuten fest werden lassen (im Kühlschrank mind. 1 Stunde).

3. Den Backofen auf 170 °C Ober-/Unterhitze vorheizen. Dann den geschnittenen Teig auf ein Backblech geben und auf der mittleren Schiene für ca. 15 Minuten backen. Danach Schritt 2 mit dem restlichen Teig wiederholen, um die zweite Schicht Keks zuzubereiten. Der übrige Mürbeteig kann für kleine Plätzchen, z. B. kleine Hasen, verwendet werden. Damit kann man die Kekstorte natürlich auch dekorieren. Beide Keks-Schichten abkühlen lassen.

4. Die Sahne mit dem Schneebesen eines Rührgeräts steif schlagen und nochmal kalt stellen. Anschließend 100 ml kaltes Wasser (ca. 20 °C) mit dem Sahnefest verrühren. Die geschlagene Sahne nach und nach unterheben. Die Himbeer-Sahne in einen Spritzbeutel füllen und diesen unten ca. 1 cm breit gerade aufschneiden, damit eine runde Öffnung entsteht. Die beiden Hasenkekse bereitstellen. Kleine Tupfen mit dem Spritzbeutel auf beiden Keks-Schichten komplett verteilen. Damit die Sahne etwas anziehen kann und fest wird, nochmals für ca. 30 Minuten in den Kühlschrank stellen. Auf der unteren Schicht das Amarena-Topping verteilen. Vorsichtig die zweite Schicht passend drauflegen, damit nichts übersteht.

5. Vor dem Servieren mit den Marzipan-Rübli, Himbeeren und Erdbeerhälften und dekorieren. Nach Wunsch noch ungespritzte Blumen, wie Stiefmütterchen, Hornveilchen, Osterglocken oder Rosen, dazwischenstecken. Falls es gespritzte sind, die Stiele nicht direkt in die Creme stecken.

OSTEREI-PIÑATA-CAKE MIT SCHOKOLINSEN

Zubereitung: 40 Minuten
Back-/Ruhezeit: 2 Stunden
Portionen: 8 Kuchenstücke

TEIG
100 g weiche Butter
80 g Zucker
1 Prise Salz
2 Eier (Größe M)
100 g Weizenmehl
2 TL Backpulver
25 g Speisestärke
80 g Milch

DEKORATION
250 g Zartbitterkuvertüre 75 %
50 g weiße Kuvertüre
bunte Schokolinsen

ZUBEHÖR
Osterei-Motivbackform
(19 cm x 14,5 cm x 3 cm)
Spritz-/Gefrierbeutel

1. Für den Teig die Butter, Zucker und Salz in einer Schüssel mit dem Schnee-besen eines Rührgeräts sehr schaumig schlagen, bis die Masse fast weiß ist. Eier nach und nach dazugeben und sehr gut unterschlagen, bis eine homo-gene Masse entsteht. Solange kein Mehl hinzugegeben wurde, kann der Teig lange gerührt werden und wird so umso fluffiger. Mehl mit Backpulver, Speisestärke und Milch unter den Teig heben und nur noch kurz aufschlagen.

2. Den Backofen auf 170 °C Umluft vorheizen. Die Backform einfetten und mit Mehl bestäuben. Die Hälfte des Teigs in die Form füllen. Die Form komplett mit Alufolie straff einwickeln, damit der Teig nicht hochbacken kann. Für 26–28 Minuten backen. Kurz abkühlen lassen und falls sich doch eine kleine Wölbung gebildet hat, die Oberfläche mit einem Messer gerade ab-schneiden. Aus der Form stürzen und den Kuchen auf einem Gitter weiter abkühlen lassen. Die Form säubern, erneut einfetten und bemehlen und den restlichen Teig einfüllen. Wieder straff mit Alufolie umwickeln, backen und abkühlen lassen.

3. Ca. 200 g Zartbitterkuvertüre im Wasserbad schmelzen. Die Kuchen jeweils einzeln wieder in die Form geben und mit einem Löffel Teig aus dem Kuchen holen und eine Mulde formen. Aus der Form nehmen, auf das Gitter legen und die Kuvertüre auf dem Teig gleichmäßig verteilen. Das Gitter mehrmals auf den Tisch klopfen, damit die überflüssige Schokolade abtropft. Alles gut trocknen lassen.

4. Nachdem die dunkle Kuvertüre hart ist, die weiße Kuvertüre im Wasserbad schmelzen. Etwas abkühlen lassen, damit sie nicht mehr verläuft und sich in Form auftragen lässt. Die weiße Kuvertüre in einen Spritz- oder Gefrierbeutel füllen und eine Schleife auf den Kuchen-Hälften nachzeichnen. Ebenfalls gut trocknen lassen.

5. Die restliche Zartbitterkuvertüre im Wasserbad schmelzen. Die Ei-Hälften herumgedreht auf ein Backpapier legen und in die Mulden die Schoko-linsen füllen. Am besten dabei Einmal-Handschuhe anziehen, damit auf der Schokolade keine Fingerabdrücke zu sehen sind. Beide Hälften bis zum Rand mit Schokolade einstreichen, in die Hände nehmen und schnell zusammen-klappen, damit die Schokolinsen nicht herausfallen. Die Naht zwischen beiden Hälften noch etwas mit Kuvertüre einstreichen, um das Ei zu verschließen.

TIPP Die Milch lässt sich nach Wunsch durch Zitronensaft und –abrieb ersetzen.

OSTERN STEHT VOR DER TÜR?

snoopstar

GANZE SEITE SCANNEN UND TIPPS & TRICKS ZUM REZEPT ENTDECKEN.

ANLEITUNG SIEHE SEITE 3.

SCHWEIZER ZUPFKUCHEN

Zubereitung: 25 Minuten
Back-/Ruhezeit:
1 Stunde 10 Minuten
Portionen: 20 Kuchenstücke

MÜRBETEIG

250 g kalte Butter
2 Eier (Größe M)
180 g Zucker
1 Pck. Bourbonvanillezucker
1 Prise Salz
425 g Weizenmehl
3 gestr. TL Backpulver
ca. 280 g Ovomaltine Crunchy Cream

SCHOKO-KÄSEKUCHENMASSE

1250 g Magerquark
200 g Zucker
4 Eier (Größe M)
200 g Sahne
70 g Kakaopulver
4 EL Speisestärke
200 g flüssige Butter

ZUBEHÖR

Ausstechformen (z. B. Hasen,
Schmetterlinge)

1. Die Butter in kleine Stücke schneiden. Eier, Zucker, Vanillezucker, Salz, Mehl und Backpulver mit dem Knethaken eines Rührgeräts verkneten. Aus der Schüssel nehmen und kurz mit kalten Händen glatt verkneten, damit der Teig geschmeidig bleibt. Den Mürbeteig zu einem flachen Ziegel formen, in Folie wickeln und für 15–30 Minuten im Gefrierschrank kalt stellen. Die Fettpfanne oder das Backblech einfetten oder mit Backpapier auslegen.

2. Den Mürbeteig aus dem Gefrierschrank nehmen und ⅓ des Teigs geschmeidig kneten. Anschließend dieses Teigdrittel auf der bemehlten Arbeitsfläche 3 mm dick ausrollen. Mit den Ausstechformen Hasen und Schmetterlinge ausstechen und zur Seite stellen.

3. Die Teigreste mit dem übrigen kalten Teig verkneten, ebenfalls auf der bemehlten Arbeitsfläche ausrollen. Als Boden in die Fettpfanne bzw. auf das Backblech legen und ggf. nochmals den Teig in die Ecken drücken.

4. Die Crunchy Cream mithilfe eines Löffels auf dem Teigboden dünn aufstreichen. Den Backofen auf 180 °C Ober-/Unterhitze vorheizen.

5. Für die Käsekuchenmasse Magerquark, Zucker, Eier, Sahne, Kakao und Speisestärke mit dem Schneebesen eines Rührgeräts aufschlagen. Die flüssige, abgekühlte Butter einfließen lassen und gut unterrühren. Die Masse auf den Teig geben. Die beiseitegelegten Hasen und Schmetterlinge mit kleinen Lücken vorsichtig auf die Füllung legen. Den Zupfkuchen in den Backofen schieben und für ca. 50 Minuten backen. Der Kuchen sollte am Ende nicht mehr zu sehr wackeln, aber auch nicht ganz fest sein. Im abgeschalteten Backofen bei leicht geöffneter Tür komplett auskühlen lassen.

WHITE ROCKY ROAD FUDGE

Zubereitung: 20 Minuten
Back-/Ruhezeit: 30 Minuten
Portionen: 12 Stück

270 g weiße Kuvertüre
20 g flüssige Butter
1 TL Zuckersirup oder Honig

DEKORATION

25 g (Butter-)Kekse
65 g Mandeln
25 g Mini-Marshmallows
grünes Lebensmittelfarbpulver

ZUBEHÖR

Ausstechformen (z. B. Hasen,
Schmetterlinge)

1. Weiße Kuvertüre im Wasserbad schmelzen. 250 g der weißen Kuvertüre mit der flüssigen, abgekühlten Butter und dem Zuckersirup verrühren.

2. Die Kekse in kleine Stücke brechen und die Mandeln grob hacken. Kekse, 35 g gehackte Mandeln und 15 g Mini-Marshmallows mit der Schokomasse verrühren. Restliche Mandeln und Marshmallows zur Seite stellen.

3. Die Masse auf ein Backpapier geben und ca. 2 cm dick aufstreichen.

4. Die restliche Kuvertüre mit der Lebensmittelfarbe einfärben. In feinen Linien über die verstrichene Schokomasse verteilen. Übrige Marshmallows und gehackte Mandeln darüberstreuen und ca. 30 Minuten in den Kühlschrank stellen.

5. Eine kleine Schüssel mit heißem Wasser bereitstellen und die Ausstechformen hineinlegen, damit sie sich aufwärmen. Die Schokomasse aus dem Kühlschrank nehmen. Mit der flachen Hand die Ausstecher auf die Masse drücken und somit Hasen und Schmetterlinge ausstechen.

TIPP Die Reste klein schneiden und zum Naschen für zwischendurch beiseitestellen.

MARZIPAN-OSTERAUGEN

Zubereitung: 35 Minuten
Back-/Ruhezeit: 2 Stunden
Portionen: 16 Stück

MÜRBETEIG
75 g kalte Butter
35 g Zucker
150 g Weizenmehl
1 Prise Salz
1 Eigelb (Größe M)

MARZIPAN-MASSE
200 g Marzipan
2 Eiweiß (Größe M)

EIERLIKÖR-FÜLLUNG
1 TL Speisestärke
110 g Eierlikör oder Vanillesoße

DEKORATION
etwas Schokolade
etwas Schmetterling-Streudekor

ZUBEHÖR
Spritzbeutel
ovaler Ei-Ausstecher

1. Die Butter in Würfel schneiden. Butter mit Zucker, Mehl, Salz und Eigelb rasch zu einem Mürbeteig verkneten. Anschließend in Folie wickeln und 30–60 Minuten kalt stellen.

2. In der Zwischenzeit das Marzipan klein zupfen. Zu dem gezupften Marzipan 1 Eiweiß hinzugeben und mit dem Schneebesen eines Rührgeräts gut aufschlagen. Das zweite Eiweiß zugeben und erneut aufschlagen, bis eine homogene und helle Masse entsteht. Die Marzipan-Masse in einen Spritzbeutel füllen.

3. Den Backofen auf 180 °C Ober-/Unterhitze vorheizen. Den gekühlten Mürbeteig 3–4 mm dünn ausrollen und mit dem Ausstecher 16 Eier ausstechen. Diese auf ein mit Backpapier ausgelegtes Backblech legen und die Marzipanmasse auf den Teig spritzen. Die Stelle aussparen, an der sonst das Eigelb ist. Ggf. die Marzipanmasse mit nassen Fingern etwas glatt streichen. Für 12–14 Minuten auf der zweiten Schiene von unten backen. Kurz abkühlen lassen.

4. Nach Belieben die Schokolade im Wasserbad schmelzen und mit einem Teelöffel in feinen Linien über die gebackenen Eier verteilen.

5. Für die Füllung Speisestärke mit 1–2 EL Eierlikör verrühren. Den restlichen Eierlikör in einem Topf erhitzen. Stärke-Mischung mit einem Schneebesen einrühren und eindicken lassen.

6. Die Füllung mithilfe eines Spritzbeutels in die Eigelb-Mulden füllen.

7. Zum Schluss einige Osteraugen nach Wunsch noch mit dem Streudekor dekorieren und alles trocknen lassen.

FRUCHTIG-FRISCHES OSTERLAMM

Zubereitung: 20 Minuten
Back-/Ruhezeit: 35 Minuten
Portionen: 6 Kuchenstücke

RÜHRTEIG

125 g weiche Butter
80 g Puderzucker
1 Prise Salz
2 Eier (Größe M)
100 g Weizenmehl
25 g Speisestärke
1 TL Backpulver
80 g Eierlikör

DEKORATION

2–3 TL Puderzucker
etwas Wasser
Blumen-Streudekor

ZUBEHÖR

Lammbackform (0,9 l)

1. Den Backofen auf 160 °C Umluft vorheizen. Die Backform einfetten und mit etwas Mehl bestäuben.

2. Butter mit Puderzucker und Salz in einer Schüssel mit dem Schneebesen eines Rührgeräts kräftig aufschlagen, bis die Masse fast weiß ist. Eier nach und nach dazugeben und sehr gut unterschlagen, bis eine homogene Masse entsteht. Mehl mit Speisestärke, Backpulver und Eierlikör unter die Masse heben und nur noch kurz unterrühren. Den Teig in die Backform füllen.

3. Die Form auf ein Backblech stellen und in die zweite Schiene von unten in den Backofen schieben, sodass die Form mittig im Ofen steht. Für ca. 35 Minuten backen. Anschließend direkt die Form umdrehen, sodass das Lamm in der Form auf dem Boden steht und dieser gerade wird. Dabei den Kuchenboden festhalten, damit der Kopf nicht abbricht. Kurz abkühlen lassen und dann vorsichtig aus der Form lösen. Komplett abkühlen lassen.

4. Mit Puderzucker und Wasser einen dickflüssigen Zuckerguss anrühren. Den ca. 2 cm breiten unteren Rand des Lamms mit dem Zuckerguss einstreichen und den Streudekor fest andrücken, sodass das Lamm wie im Blumenbeet liegt.

5. Noch etwas Puderzucker mit einem kleinen Sieb über das Lamm streuen, das Gesicht dabei aussparen. Dabei mit einem Blatt Papier o. Ä. die Blumen abdecken. Zum Schluss nach Wunsch noch mit einem Band eine kleine Schleife um den Hals des Osterlamms binden.

CHOCOLATE BABKA TULIPS

Zubereitung: 45 Minuten
Back-/Ruhezeit:
1 Stunde 15 Minuten
Portionen: 8 Stück

HEFETEIG

350 g Weizenmehl
½ Würfel Hefe (21 g)
60 g Zucker
175 g lauwarme Milch (35 °C)
1 Prise Salz
1 TL Vanilleextrakt
1 Ei (Größe M)
50 g Butter

SCHOKOLADENMASSE

100 g Zartbitterkuvertüre
90 g Butter
30 g Puderzucker
25 g Backkakao
2–3 TL Espressobohnen
Amarena-Topping nach Belieben

ZUCKERSIRUP

40 ml Wasser
35 g Zucker

ZUBEHÖR

8 Tulip-Papierförmchen
12er Muffinblech

1. Für den Teig das Mehl in eine Schüssel geben und eine Mulde formen. Die Hefe zusammen mit 1 TL Zucker in die lauwarme Milch bröckeln und darin auflösen. Die Hefe-Milch-Mischung in die Mulde geben und leicht mit Mehl bedecken. 10 Minuten an einem warmen Ort gehen lassen. Salz, restlichen Zucker, Vanilleextrakt und Ei dazugeben und mit einem Rührgerät auf höchster Stufe in ca. 5 Minuten einen glatten Teig herstellen. Dabei die Butter nach und nach hinzufügen und so lange rühren, bis sich der Teig vom Schüsselrand löst. Den Teig abgedeckt ca. 30 Minuten an einem warmen Ort gehen lassen, bis er sich sichtbar vergrößert hat. Dies geht zum Beispiel auch im Backofen bei 30–40 °C mit leicht geöffneter Tür.

2. In der Zwischenzeit in einem Topf die Kuvertüre mit der Butter schmelzen. Vom Herd nehmen, Puderzucker und Kakaopulver einrühren, bis eine homogene Masse entsteht. Zur Seite stellen und abkühlen lassen. Mit einem Mörser oder Mixer die Espressobohnen zu kleinen Stückchen mahlen.

3. Den Backofen auf 160 °C Umluft vorheizen. Die Papierförmchen in eine Muffinform einsetzen. Den Hefeteig aus der Schüssel nehmen und auf einer leicht bemehlten Arbeitsfläche kurz durchkneten. Zu einem Rechteck von ca. 70 cm x 30 cm ausrollen. Der Teig zieht sich immer wieder zusammen, dies ist richtig so und ein Zeichen für einen guten Hefeteig. Hier hilft es, den Teig nach einer Weile umzudrehen, damit er an der Arbeitsfläche etwas kleben und in Form bleibt.

4. Die Schokoladenmasse auf dem Hefeteig gleichmäßig verteilen und darauf das Amarena-Topping geben und verteilen. Mit 2–3 TL der gemahlenen Espressobohnen bestreuen. Den Hefeteig von der langen Seite beginnend auf ca. 90–100 cm Länge einrollen. Anschließend der Länge nach in der Mitte durchschneiden.

5. Die einzelnen Stränge zu einem Zopf drehen und diesen in 8 gleich große Teile schneiden. Die Enden nach unten eingedreht in die Tulip-Formen geben und nochmals für 10–15 Minuten gehen lassen. Danach im Backofen ca. 25 Minuten backen.

6. Währenddessen einen Zuckersirup herstellen. Dafür Wasser und Zucker in einem Topf aufkochen, bis sich der Zucker vollständig aufgelöst hat. Zur Seite stellen. Nach dem Backen den Sirup noch heiß und üppig auf die Babkas auftragen – dies macht sie saftig und glänzend. Am besten noch warm servieren und nach Wunsch noch mit etwas Amarena-Topping beträufeln.

TIPP Wer es eilig hat, kann auch auf eine Hefeteig-Backmischung zurückgreifen. Dafür den Teig nach Packungsangabe zubereiten und die nächsten Schritte wie im Rezept angegeben fortführen.

BLÜMCHEN-CUPCAKES

Zubereitung: 30 Minuten
Back-/Ruhezeit: 40 Minuten
Portionen: 8 Stück

TEIG

70 g Mandeln
2 Eier (Größe M)
80 g Zucker
1 Pck. Bourbonvanillezucker
1 Prise Salz
125 g kalte Milch
40 g neutrales Pflanzenöl
150 g Weizenmehl
2 gestr. TL Backpulver

WEISSE SCHOKO-FRISCHKÄSE-CREME

80 g weiße Kuvertüre
100 g weiche Butter
75 g Puderzucker
grünes Farbpulver
100 g Frischkäse

DEKORATION

Mini-Marshmallows

ZUBEHÖR

8 Cupcake-Papierförmchen
Palette
evtl. Spritzbeutel

1. Den Backofen auf 150 °C Umluft vorheizen. Für den Teig die Mandeln fein hacken. Eier mit Zucker, Vanillezucker und Salz kräftig aufschlagen, bis die Masse hellcremig ist und sich das Volumen verdoppelt hat. Milch und Öl in die Eimasse einfließen lassen und unterrühren. Mehl und Backpulver auf die Eimasse sieben und vorsichtig unterheben, bis sich das Mehl gut verteilt hat. Danach die gehackten Mandeln unterheben. Den Teig in 8 Papierförmchen füllen. 20–22 Minuten im Ofen backen, bis sie leicht gebräunt sind und die Stäbchenprobe sauber bleibt. Komplett abkühlen lassen.

2. Für die Creme die Kuvertüre im Wasserbad schmelzen und auf Raumtemperatur abkühlen lassen. Die Butter und den Puderzucker kräftig aufschlagen, bis die Creme wirklich weiß wird und (fast) keine Zuckerkristalle mehr zu spüren sind. Die geschmolzene Kuvertüre mit dem Farbpulver zu einem dunkleren Grün färben. Kuvertüre und Frischkäse zur Buttermasse zugeben und unterrühren, bis die Masse glatt und cremig ist. Falls die Masse zu weich wird (wenn der Frischkäse zu lange untergerührt wird) nochmals kurz in den Kühlschrank geben. Wenn erst die fertige Creme eingefärbt werden soll, das Farbpulver kurz unterrühren und die Creme einige Minuten stehen lassen. Danach nochmals kräftig aufschlagen, dann sollte sich die Farbe überall gut verteilen.

3. Die Creme mit der Palette oder dem Rücken eines Messers glatt und kuppelförmig auf die abgekühlten Kuchen aufstreichen. Alternativ die Creme in eine Spritztülle füllen und auf die gebackenen Küchlein aufspritzen.

4. Die Mini-Marshmallows mit einem Messer schräg von der linken Ecke zur rechten Ecke durchschneiden, sodass kleine Blütenblätter entstehen.

5. Für den Stempel in der Blumenmitte das Messer an der schmaleren Seite mittig des Mini-Marshmallows ansetzen und durch Vor- und Zurückbewegungen mit den Fingern das Marshmallow teilen und damit rund formen.

6. Die Cupcakes nun mit den Blütenblättern und den Stempeln dekorieren.

TIPP Die Lebensmittelfarben von Eat a Rainbow sind übrigens aus Obst, Gemüse oder essbaren Pflanzen hergestellt und eignen sich auch für die Anwendung in Kuvertüre oder Schokolade. Außerdem sind sie vegan, glutenfrei und enthalten keine Farb- und Konservierungsstoffe.

BUCHTELN MIT VANILLESOSSE

Zubereitung: 35 Minuten
Back-/Ruhezeit: 2 Stunden
Portionen: 18 Stück

TEIG
125 g Milch
½ Würfel Hefe (21 g)
375 g Weizenmehl
60 g Zucker
1 Pck. Bourbonvanillezucker
75 g weiche Butter
2 Eier (Größe M)
1 Prise Salz

FÜLLUNG
ca. 50 g Erdbeerkonfitüre
ca. 50 g Edelkakao-Schokolade

DESSERT-SOSSE
1 Pck. Vanillesoßenpulver

WEITERHIN
ca. 40 g flüssige Butter
etwas Puderzucker

ZUBEHÖR
Teigroller
2 Gläser (ca. Ø 5 cm und 8 cm)
backfestes Schälchen

1. Den Fruchtaufstrich in den Gefrierschrank stellen, damit sich die Buchteln später besser formen lassen.

2. Die Milch in einem Topf lauwarm erwärmen und die Hefe darin auflösen. Mehl mit Zucker vermischen und in der Mitte eine Mulde formen. Das Hefe-Milch-Gemisch in die Mulde füllen und mit etwas Mehl vom Rand vermischen. Die Schüssel mit einem Tuch abdecken und an einem warmen Ort ca. 30 Minuten gehen lassen.

3. Anschließend Vanillezucker, weiche Butter, Eier und Salz hinzufügen und alles mit dem Knethaken eines Rührgeräts ca. 5 Minuten zu einem geschmeidigen Teig verkneten. Den Teig erneut abgedeckt ca. 30 Minuten an einem warmen Ort gehen lassen.

4. Nach der Gehzeit den Teig mit den Händen gut durchkneten. Anschließend mit dem Teigroller 1 cm dick ausrollen. Mit Gläsern 11 große und 7 kleine Kreise ausstechen.

5. In die Mitte der kleinen Kreise je ein halbes Stück Schokolade geben und die Buchteln verschließen.

6. In 2 der großen Kreise je ein ganzes Stück Schokolade (für die Hasenohren) geben und verschließen. In die restlichen großen Kreise je einen Klecks Fruchtaufstrich geben und ebenfalls verschließen.

7. Ein mit Backpapier ausgelegtes Backblech mit etwas flüssiger Butter einstreichen. Aus 5 großen und 3 kleinen Buchteln einen Hasen auf das Blech legen. Das Osterei aus 6 großen und 4 kleinen Buchteln um ein backfestes Schälchen formen. Die Buchteln dabei jeweils auf die „Verschluss-Seite" legen. Abgedeckt ca. 20 Minuten gehen lassen.

8. Den Backofen auf 180 °C Ober-/Unterhitze vorheizen. Die aufgegangenen Buchteln mit flüssiger Butter bestreichen und für 18–20 Minuten backen. Mit Puderzucker bestäuben.

9. Das Soßenpulver nach Packungsangabe zubereiten. Die Buchteln noch warm mit der Vanillesoße servieren.

GROSSE KLASSIKER, GANZ KLEIN

Wir lieben leckere Kuchen: vom Apfelkuchen über Donauwelle bis hin zur prächtigen Schwarzwälder Kirschtorte. Jeder von uns kennt diese Klassiker, die bei keiner Feier fehlen dürfen. So landen Jahr für Jahr immer wieder die gleichen Kuchen auf der Kaffeetafel. Das ist auch gar nicht weiter schlimm, wir backen und essen sie ja schließlich immer wieder gerne. Und gerade, weil wir sie so lieben, haben wir die großen Kuchen etwas abgewandelt und in kleinere, niedliche Formen gesteckt. Der absolute Parade-Klassiker: die Schwarzwälder Kirschtorte. In unserer Neuinterpretation backen wir die beliebte Torte zur Abwechslung mal als Schwarzwälder Kirschtaler in Form von kleinen Keks-Happen. Und bei den handlichen Stückchen darf man gerne einmal mehr zugreifen – die sind nämlich sogar zuckerarm! Freue dich auf leckere Küchlein, die dir das Wasser im Mund zusammenlaufen lassen!

SCHWARZWÄLDER KIRSCHTALER

Zubereitung: 50 Minuten
Back-/Ruhezeit: 4 Stunden
Portionen: 12 Stück

MÜRBETEIG

225 g Trockenpflaumen
300 ml Wasser
135 g kalte Butter
1 Eigelb (Größe M)
200 g Weizenmehl
25 g Backkakao
Kakaosplitter/Schokotröpfchen nach
Belieben

FÜLLUNG

120 g Kirschsaft
10 g Speisestärke
75 g Schattenmorellen
(aus dem Glas)
5–6 EL Kirschwasser nach Belieben
200 g Sahne
1–2 EL Zucker
1 Pck. Sahnesteif

DEKORATION

10–12 Cocktailkirschen

1. Zuerst die Trockenpflaumen in einen Topf geben, mit dem Wasser bedecken und ca. 10 Minuten köcheln lassen, bis die Hälfte der Flüssigkeit verdampft ist. Mit einem Pürierstab pürieren. Etwas abkühlen lassen.

2. Die Butter in kleine Stücke schneiden und mit dem Eigelb, Mehl, Kakao und Pflaumenmus mit dem Knethaken eines Rührgeräts verkneten. Aus der Schüssel nehmen und nur kurz mit kalten Händen glatt verkneten, damit der Teig geschmeidig bleibt. Den Mürbeteig zu einem flachen Ziegel formen, in Folie wickeln und für ca. 3 Stunden im Kühlschrank kalt stellen.

3. Den Backofen auf 180 °C Ober-/Unterhitze vorheizen. Nach dem Kühlen den Mürbeteig mit den Händen auf der bemehlten Arbeitsfläche kurz durchkneten, dann mit einem Teigroller ca. 5 mm dick ausrollen. Beim Ausrollen den Teig zwischendurch hochheben und in Bewegung halten, damit der Teig nicht auf der Arbeitsfläche kleben bleibt. Den Teig mithilfe eines Dessertrings oder einer Ausstechform zu 20–24 Talern ausstechen und auf ein mit Backpapier ausgelegtes Backblech legen.

4. Die Hälfte der Taler nach Belieben mit Kakaosplittern/Schokotröpchen bestreuen und etwas festdrücken. Für ca. 12–15 Minuten backen. Abkühlen lassen.

5. In der Zwischenzeit die Kirschfüllung vorbereiten. Dazu 2–3 EL des Saftes der Schattenmorellen mit der Speisestärke glatt rühren. Restlichen Saft und Schattenmorellen in einen Topf geben und aufkochen lassen. Die Schattenmorellen nach Wunsch mit einem Löffel etwas zerteilen. Topf zur Seite stellen und unter Rühren die angerührte Speisestärke hinzufügen. Nochmals kurz aufkochen und weiterrühren. Nach Belieben etwa 4–5 EL Kirschwasser hinzugeben und unterrühren.

ZUBEHÖR

Teigroller

Dessertring/Ausstechform (Ø 7,5 cm)

Spritzbeutel/Gefrierbeutel

6. Wenn die Taler und die Kirschfüllung abgekühlt sind, die Sahne herstellen. Dazu die Sahne in einer hohen Schüssel dem Schneebesen eines Rührgeräts aufschlagen. Den Zucker einrieseln lassen und nach Wunsch 1–2 EL Kirschwasser hinzugeben. Wenn die Sahne leicht dicklich wird, das Sahnesteif einrieseln lassen und die Sahne steif schlagen. In einen Spritz- oder Gefrierbeutel füllen. Die Spitze ca. 1 cm breit aufschneiden.

7. Auf die Hälfte der Taler – sie werden der „Boden" – am Rand kleine Tupfen auftragen sowie auf die restlichen Taler einen Tupfer in die Mitte setzen.

8. Die Kirschfüllung auf die unteren Taler in die Mitte der Sahne-Tupfen geben. Die oberen Taler auf die unteren aufsetzen. Mit einer Cocktailkirsche dekorieren.

DONAUWELLEN

Zubereitung: 45 Minuten
Back-/Ruhezeit:
4 Stunden 30 Minuten
Portionen: 7 Stück

BUTTERCREME
1 Vanilleschote
315 g Vollmilch
20 g Speisestärke
2 Eigelb (Größe M)
1–2 EL Zucker
180 g weiche Butter

RÜHRTEIG
150 g weiche Butter
120 g Zucker
1 Pck. Bourbonvanillezucker
1 Prise Salz
3 Eier (Größe M)
200 g Weizenmehl
2 gestr. TL Backpulver
6 EL Milch
3 EL Backkakao
270 g Schattenmorellen
(aus dem Glas)

WEITERHIN
100 g Zartbitterkuvertüre
3–4 EL Sonnenblumen-/Rapsöl

1. Zuerst den Pudding für die Buttercreme herstellen. Vanilleschote halbieren und Mark herauskratzen. Milch mit Vanillemark- und schote in einen Topf geben. 2–3 EL der Milch zur Speisestärke mit Eigelben und Zucker geben und alles glatt rühren. Milch zum Kochen bringen. Topf zur Seite stellen und Schote entfernen. Unter Rühren die Eigelb-Masse hinzufügen. Nochmals kurz aufkochen und weiterrühren. Die Oberfläche mit Frischhaltefolie bedecken, damit keine Haut entsteht. Abkühlen lassen.

2. Den Backofen auf 160 °C Umluft vorheizen. Den Boden der Springform mit Backpapier auslegen, die Seiten nicht einfetten.

3. Für den Rührteig die Butter mit dem Zucker, Vanillezucker und Salz in einer Schüssel mit dem Schneebesen eines Rührgeräts sehr schaumig aufschlagen, bis die Masse fast weiß ist. Eier nach und nach dazugeben und sehr gut unterschlagen, bis eine homogene Masse entsteht. Mehl mit Backpulver und 3 EL Milch unter den Teig heben und nur noch kurz aufschlagen. Etwa die Hälfte des Teigs in die Springform geben und glatt streichen. In den restlichen Teig den Kakao und 3 EL Milch unterrühren. Den dunklen Teig auf den hellen Teig geben und glatt streichen. Die Schattenmorellen abtropfen lassen und auf dem Teig verteilen. Gut in den Teig drücken, so entstehen die späteren Wellen. Für 33–35 Minuten backen und leicht abkühlen lassen. Zartbitterkuvertüre im Wasserbad schmelzen, Öl hinzufügen und gut verrühren. Über den Kuchen verteilen und abkühlen lassen.

4. Für die Buttercreme die Butter in einer Schüssel dem Schneebesen eines Rührgeräts schaumig aufschlagen, bis die Masse fast weiß ist. Den abgekühlten Pudding esslöffelweise unterrühren, dabei immer kräftig aufschlagen. Die Buttercreme auf der abgekühlten Kuvertüre verteilen und glatt streichen.

5. Für die Mirror Glaze die Gelatine mit 60 ml Wasser verrühren und ca. 5 Minuten quellen lassen. Zucker, Glukosesirup und restliches Wasser aufkochen und 7–8 Minuten köcheln lassen. Vom Herd nehmen und die gequollene Gelatine und die Kondensmilch einrühren. Anschließend über

MIRROR GLAZE

6 g gemahlene Gelatine
90 ml Wasser
90 g Zucker
80 g Glucosesirup
60 g gezuckerte Kondensmilch
100 g gehackte weiße Schokolade
blaue Lebensmittelfarbe

ZUBEHÖR

Springform (Ø 28 cm)
Dessertring (Ø 7,5 cm)

die Schokolade gießen, kurz warten, bis die Schokolade geschmolzen ist und dann gut umrühren. Zum Schluss die Lebensmittelfarbe einrühren, ca. die Hälfte bis zwei Drittel mit einem Esslöffel auf der Buttercreme verteilen und glatt streichen. Dann etwas blaue Lebensmittelfarbe in die restliche Mirror Glaze geben, damit ein Hellblau entsteht, und gut verrühren. Einige Kleckse davon auf dem Kuchen verteilen und verstreichen, sodass Wellen entstehen.

6. Nochmals etwas Lebensmittelfarbe in die restliche Mirror Glaze geben, um ein Dunkelblau zu erhalten. Ebenfalls stellenweise auf den Kuchen geben und wieder verteilen. Ca. 2 Stunden kühl stellen.

7. Den Dessertring heiß abwaschen, nicht abtrocknen. Aus dem Kuchen 7 Stücke ausstechen, dabei immer wieder heiß abwaschen und das Stück Donauwelle dann von unten nach oben wieder herausdrücken.

LEMON-TARTELETTES

Zubereitung: 25 Minuten
Back-/Ruhezeit:
2 Stunden 30 Minuten
Portionen: 6 Stück

MÜRBETEIG
85 g kalte Butter
150 g Weizenmehl
30 g Zucker
1 Eigelb (Größe M)
3–4 EL Grenadine-Sirup

FÜLLUNG
240 g Lemon Curd (siehe Tipp)

DEKORATION
1 TL getrocknete Himbeeren

BAISER
1 frisches Eiweiß (Größe M)
1 Prise Salz
40 g Zucker

ZUBEHÖR
Teigroller
6 Mini-Tarteformen
Spritz- /Gefrierbeutel

1. Die Butter in kleine Stücke schneiden. Mit Mehl, Zucker, Eigelb und Grenadine-Sirup mit dem Knethaken des Rührgeräts verkneten. Aus der Schüssel nehmen und nur kurz mit kalten Händen glatt verkneten, damit der Teig geschmeidig bleibt. Den Mürbeteig zu einem flachen Ziegel formen, in Folie wickeln und für mind. 1 Stunde im Kühlschrank kalt stellen.

2. Den Mürbeteig mit den Händen auf der bemehlten Arbeitsfläche kurz durchkneten, dann mit einem Teigroller ca. 5 mm dick ausrollen. Die Mini-Tarteformen mit der breiten Fläche auf den ausgerollten Teig legen und mit einem Messer ca. 1 cm um das Förmchen einen Kreis schneiden.

3. Den ausgeschnittenen Teig in das Förmchen legen und etwas an die Ränder andrücken. Die Förmchen müssen nicht eingefettet werden. Den überstehenden Teig einfach glatt mit den Fingern abstreichen, damit ein gerader Abschluss entsteht. Mit einer Gabel den Boden mehrfach einstechen, damit sich beim Backen keine Blasen bilden. Nochmals im Gefrierschrank für 10–15 Minuten fest werden lassen. Währenddessen den Backofen auf 180 °C Umluft vorheizen. Die Tartelettes für 12–14 Minuten backen, bis sie leicht gebräunt sind.

4. Nach dem Backen das Lemon Curd in der Mikrowelle oder im Wasserbad erhitzen, bis es glatt und flüssig ist. Noch heiß in die Mulden der gebackenen Tartelettes gießen und ca. 30 Minuten trocken und fest werden lassen.

5. Für das Baiser das Eiweiß mit dem Salz aufschlagen. Sobald das Eiweiß steif wird, den Zucker langsam einrieseln lassen, bis er sich aufgelöst hat. Die Masse sollte glänzen und Spitzen bilden. In einen Spritz-/Gefrierbeutel füllen

6. Auf das abgekühlte Lemon Curd je nach Wunsch das Baiser dekorativ aufspritzen. Mit dem Bunsenbrenner leicht bräunen oder einige Sekunden unter den vorgeheizten Backofengrill stellen, bis die Spitzen gebräunt sind. Für einen schönen Farbtupfer auf den Tartelettes noch mit etwas getrockneten Himbeeren bestreuen.

TIPP Anstatt des Mürbeteigs kann auch ein Kekskrümel-Boden ohne Backen hergestellt werden. Dazu einfach 200 g Kekse zerbröseln und mit 125 g flüssiger Butter vermischen. In den Tarteletteförmchen festdrücken und kalt stellen. Erst nach dem Einfüllen des Lemon Curd und dem vollständigen Kühlen aus den Förmchen entfernen.

TIPP Das Lemon Curd kann auch selbst hergestellt werden:

160 g Zitronensaft (ca. 4 unbehandelte Zitronen)
3 Eier (Größe M)
140 g Zucker
75 g Butter

1. Die Zitronen heiß abwaschen, die Schale abreiben und den Saft auspressen. Zitronensaft- und Schale, Eier und Zucker mit einem Schneebesen verrühren. In einem kleinen Topf auf mittlerer Stufe mind. 5 Minuten erhitzen, dabei ständig rühren. Die Masse darf nicht kochen, da das Ei sonst gerinnt. Nach etwa 10 Minuten ist die Konsistenz ideal, sie sollte puddingähnlich sein.

2. Durch ein Sieb streichen und mit Frischhaltefolie abgedeckt ca. 3 Minuten ruhen lassen. Butter einrühren und noch etwas abkühlen lassen.

3. 240 g für das Rezept nutzen, den Rest in ein steriles Schraubglas füllen, verschließen und auf dem Kopf stehend abkühlen lassen. Im Kühlschrank gelagert ist es ca. 1–2 Wochen haltbar.

MINI-APPLE-PIES

Zubereitung: 55 Minuten
Back-/Ruhezeit:
1 Stunde 20 Minuten
Portionen: 12 Stück

MÜRBETEIG

200 g kalte Butter
300 g Weizenmehl
50 g Zucker
3–4 EL Eiswasser

FÜLLUNG

2 Äpfel
20 g Butter
35–40 g Rohrzucker
je 1 Prise Pfeffer, Muskatnuss,
Piment, Thymian, Rosmarin
3 EL Wasser
1 TL Speisestärke

DEKORATION

1 Ei (Größe M)
etwas Wasser
etwas Milch

ZUBEHÖR

Teigroller
Pinsel
Glas (Ø ca. 9 cm)

1. Die Butter in kleine Stücke schneiden und in den Gefrierschrank stellen. Währenddessen Mehl und Zucker in einer Schüssel gut vermischen. Die kalten Butterstücke mit den Fingerspitzen in die Mehlmischung einarbeiten, bis eine bröselige Masse entsteht. 3 EL Eiswasser (sehr kaltes Wasser, am besten mit Eiswürfel) mit einem Löffel in die Mehl-Buttermischung mengen. Die bröselige Masse rasch zu einem Teig kneten, damit die Butter nicht schmilzt. Wenn nötig noch 1 EL Eiswasser zugeben. Den Mürbeteig zu einem flachen Ziegel formen, in Folie wickeln und für 1 Stunde im Kühlschrank kalt stellen.

2. In der Zwischenzeit die Füllung vorbereiten. Dazu die Äpfel waschen, vierteln, entkernen und in kleine Würfel schneiden. Die Äpfel müssen nicht geschält werden. Die Butter mit 35 g Zucker, Gewürzen und 2 EL Wasser in einem Topf zum Schmelzen bringen. Die Äpfel zugeben und bei mittlerer Hitze ca. 5 Minuten lang köcheln lassen. Die Speisestärke mit 1 EL Wasser vermischen und in die Apfelmischung rühren. Kurz aufkochen und sobald die Masse eingedickt ist, den Topf von der Herdplatte nehmen. Die Füllung auskühlen lassen.

3. Den Backofen auf 180 °C Ober-/Unterhitze vorheizen. Etwas mehr als die Hälfte des kalten Mürbeteigs aus dem Kühlschrank nehmen und mit den Händen auf der bemehlten Arbeitsfläche kurz durchkneten. War der Teig länger als eine Stunde im Kühlschrank (z. B. über Nacht), vor dem Ausrollen kurz bei Raumtemperatur temperieren lassen. Mit einem Teigroller ca. 3 mm dünn ausrollen, dabei den Teig immer in Bewegung halten und bemehlen, damit er nicht festklebt. Mit einem Glas 12 Kreise aus dem Teig ausstechen und diese auf ein mit Backpapier ausgelegtes Backblech legen.

4. Den restlichen Teig ausrollen und in 3–4 mm dünne Streifen schneiden, ca. 8–10 cm lang. Das Ei trennen. Eiweiß mit etwas Wasser verrühren und mit einem Pinsel auf die Kreise streichen. Etwas Apfelfüllung darauf verteilen, den Rand frei lassen. Mit den Teigstreifen ein Gittermuster auf die Pies legen.

5. Die Ränder mit den Fingern festdrücken und nochmals mit dem Glas ausstechen, damit ein sauberer Abschluss entsteht. Eigelb mit etwas Milch verrühren und die Pies damit bestreichen. Mit etwas Zucker bestreuen. 25 Minuten goldbraun backen lassen und am besten lauwarm servieren.

LUST ZU BEEINDRUCKEN?

snoopstar

GANZE SEITE SCANNEN UND LERNEN, WIE DAS PERFEKTE GITTERMUSTER GELINGT.

ANLEITUNG SIEHE SEITE 3.

FRANKFURTER KRÄNZCHEN

Zubereitung: 55 Minuten
Back-/Ruhezeit: 3 Stunden 30 Minuten
Portionen: 12 Stück

BUTTERCREME

1 Vanilleschote
375 g Milch
25 g Speisestärke
2 Eigelb (Größe M)
2 EL Zucker
225 g weiche Butter

SANDMASSE

225 g weiche Butter
150 g Zucker
1 Pck. Bourbonvanillezucker
1 Prise Salz
3 Eier (Größe M)
150 g Weizenmehl
75 g Speisestärke
1 geh. TL Backpulver
60 g Milch

KROKANT

35 g Zucker
10 g Butter
35 g gehackte Haselnüsse

1. Zuerst den Pudding für die Buttercreme herstellen. Die Vanilleschote halbieren und das Mark herauskratzen. Die Milch mit Vanillemark- und schote in einen Topf geben. 2–3 EL der Milch zur Speisestärke mit Eigelben und Zucker geben und alles glatt rühren. Milch zum Kochen bringen. Topf zur Seite stellen und Schote entfernen. Unter Rühren die Eigelb-Masse hinzufügen. Nochmals kurz aufkochen und weiterrühren. Die Oberfläche mit Frischhaltefolie bedecken, damit keine Haut entsteht. Auf Raumtemperatur abkühlen lassen.

2. Den Backofen auf 160 °C Umluft vorheizen. Das Muffinblech einfetten und mit Mehl bestäuben.

3. Für die Sandmasse die Butter mit dem Zucker, Vanillezucker und Salz in einer Schüssel mit dem Schneebesen eines Rührgeräts sehr schaumig aufschlagen, bis die Masse fast weiß ist. Eier nach und nach dazugeben und sehr gut unterschlagen, bis eine homogene Masse entsteht. Mehl mit Speisestärke, Backpulver und Milch unter den Teig heben und nur noch kurz aufschlagen. Den Teig gleichmäßig auf die Mulden verteilen. Für 22–24 Minuten backen und abkühlen lassen.

4. Für das Krokant den Zucker in einer Pfanne bei niedriger bis mittlerer Hitze karamellisieren lassen, dabei nicht umrühren. Die Butter dazugeben, verrühren und zuletzt die gehackten Haselnüsse hinzufügen und gut vermengen. Die Masse (Vorsicht heiß!) auf ein Backpapier geben, ein zweites Backpapier auflegen und mit einem Teigroller dünn ausrollen. Abkühlen lassen.

5. Für das Pflaumenmus die Trockenpflaumen in einen Topf geben, mit dem Wasser bedecken und ca. 10 Minuten köcheln lassen, bis die Hälfte der Flüssigkeit verdampft ist. Mit einem Pürierstab alles zu einem Mus pürieren. Etwas abkühlen lassen.

PFLAUMENMUS
225 g Trockenpflaumen
300 ml Wasser

DEKORATION
12 Cocktailkirschen

ZUBEHÖR
12er Muffinblech
Spritzbeutel

6. Für die Buttercreme die Butter in einer Schüssel mit dem Schneebesen eines Rührgeräts schaumig aufschlagen, bis die Masse fast weiß ist. Den abgekühlten Pudding esslöffelweise unterrühren, dabei immer kräftig aufschlagen. Die Buttercreme in einen Spritz- oder Gefrierbeutel einfüllen. Die Spitze ca. 1–1,5 cm breit aufschneiden.

7. Die abgekühlten Küchlein horizontal halbieren, etwas Pflaumenmus aufstreichen, die zweite Hälfte wieder aufsetzen und oben nochmals etwas Mus verteilen. Die Buttercreme spiralförmig auf die Kuchen auftragen.

8. Das Krokant in Stücke brechen, auf der Creme platzieren und mit einer Cocktailkirsche dekorieren.

BEERENSTARK & TROPISCH LECKER

Mit dem Sommer steigt die Freude auf jede Menge Sonnenschein und vor allem: reife Früchte! Denn dann hat die Beerenzeit Hochsaison. Angefangen mit Erdbeeren folgen Heidelbeeren, Himbeeren, Johannisbeeren und Stachelbeeren. Was gibt es Besseres, um unsere Rezepte damit zu versüßen und uns den Mund wässrig zu machen?! Schließlich sind diese kleinen Superfoods nicht nur super lecker, sondern auch noch extrem gesund. Neben Beeren finden sich hier zudem Rezepte mit tropischen Zutaten, z. B. Kokosnuss und Mango. Also einfach alles, was uns im Sommer glücklich macht!

ERDBEER-PUDDINGSCHNECKEN

Zubereitung: 1 Stunde 15 Minuten
Back-/Ruhezeit: 40 Minuten
Portionen: 12 Stück

HEFETEIG
75 g Zucker
500 g Weizenmehl
225 g Milch
½ Würfel Hefe (21 g)
2 Eier (Größe M)
50 g weiche Butter
1 Prise Salz

FÜLLUNG
1 Pck. Vanille-Puddingpulver
2 EL Zucker
350 g Milch
200 g Erdbeeren
65 g Joghurt-Erdbeer-Schokolade

ZUCKERGUSS
1 Teebeutel Wildbeere
100 ml kaltes Wasser
100 g Puderzucker

ZUBEHÖR
Teigroller
Pinsel

1. Für den Hefeteig Zucker und Mehl in einer großen Schüssel vermischen und in der Mitte eine Mulde formen. Die Milch in einem Topf lauwarm erwärmen und die Hefe darin auflösen. Das Hefe-Milch-Gemisch in die Mulde füllen und mit etwas Mehl vom Rand vermischen. Die Schüssel mit einem Tuch abdecken und für 30 Minuten an einem warmen Ort gehen lassen.

2. Nach dem Gehen 1 Ei trennen, das Eigelb zur Seite stellen. Weiche Butter, das zweite Ei, Eiweiß und Salz zum Teig hinzufügen und alles mit dem Knethaken eines Rührgeräts ca. 5 Minuten zu einem geschmeidigen Teig verkneten. Den Teig erneut abgedeckt mind. 30 Minuten an einem warmen Ort gehen lassen, bis sich das Volumen verdoppelt hat.

3. Das Puddingpulver mit dem Zucker vermischen und mit 6 EL der Milch verrühren. Die restliche Milch aufkochen, vom Herd nehmen und das angerührte Pulver mit einem Schneebesen einrühren. Den Pudding unter stetigem Rühren nur kurz aufkochen lassen. Mit Frischhaltefolie abdecken.

4. Erdbeeren waschen, putzen und wie die Schokolade in kleine Stücke schneiden. Den Backofen auf 175 °C Umluft vorheizen. Zwei Backbleche mit Backpapier belegen.

5. Den Teig mit den Händen nochmals kurz durchkneten. Anschließend mit dem Teigroller ein ca. 25 cm x 40 cm großes Rechteck ausrollen. Den noch leicht warmen und geschmeidigen Pudding mithilfe eines Spatels auf dem Teig verteilen. Dabei an einem schmalen Ende ca. 1–2 cm frei lassen. Die klein geschnittenen Erdbeeren und die Schokostückchen gleichmäßig auf dem Pudding verteilen.

6. Von der kurzen Seite ohne Rand den Teig mit mind. 4 Umdrehungen eng aufrollen.

7. Ca. 2 cm dicke Scheiben von der Rolle abschneiden. Dazu am besten einen Faden unter der Teigrolle platzieren und über der Rolle gekreuzt zusammenziehen (so behalten die Schecken am besten ihre runde Form).

8. Die Schnecken mit Abstand zueinander auf den Backblechen verteilen und dabei die Teigenden jeweils unter die Schnecken schieben.

9. Das Eigelb mit etwas Milch vermischen und mit einem Pinsel gleichmäßig auf den Schnecken verstreichen. Für 12–15 Minuten goldbraun backen.

10. Den Teebeutel mit heißem Wasser aufgießen und 8 Minuten ziehen lassen. Puderzucker mit 1–2 EL Tee vermischen und in feinen Linien auf die noch leicht warmen Puddingschnecken dekorativ verteilen.

MIXED BERRY JELLY CAKE

Zubereitung: 1 Stunde
Back-/Ruhezeit: 5 Stunden
Portionen: 8 Kuchenstücke

BISKUITTEIG

4 Eier
100 g Zucker
1 Prise Salz
1 Pck. Bourbonvanillezucker
100 g Weizenmehl

CREME / FÜLLUNG

150 g weiche Butter
135 g Puderzucker
1 Pck. Bourbonvanillezucker
300 g Frischkäse

GELEE

150 g Weißwein (alternativ Wasser)
100 ml Wasser
2 gestr. TL pflanzliches Geliermittel
150 g Zucker

DEKORATION

ca. 300 g gemischte Beeren
etwas frische Minze

ZUBEHÖR

Springform (Ø 20 cm)
Spatel
Backpapier/Tortenfolie

1. Den Backofen auf 180 °C Ober- und Unterhitze vorheizen. Den Boden einer Springform mit Backpapier auslegen, die Ränder der Form mit Butter einfetten.

2. Für den Teig die Eier mit dem Zucker, Salz und Vanillezucker zu einer cremigen, weißen Masse aufschlagen. Das Mehl auf die Masse sieben und vorsichtig unterheben. In die Springform füllen und ca. 28–30 Minuten backen.

3. Anschließend aus dem Ofen nehmen. Ca. 5 Minuten mit Backring auskühlen lassen, dann den Ring lösen und vollständig auskühlen lassen.

4. Die Butter, den Puderzucker und Vanillezucker mit dem Schneebesen eines Rührgeräts sehr schaumig rühren. So lange aufschlagen, bis die Creme wirklich weiß wird. Die Vanillepaste untermischen. Dann Frischkäse unterrühren, bis die Masse ganz glatt ist.

5. Den Kuchen mithilfe eines Torten- oder Brotmessers in drei gleich dicke Böden schneiden. Beim oberen Tortenboden etwa ein Drittel rund abschneiden, der Boden sollte aussehen wie ein zunehmender Mond. Mit einem Spatel ein Drittel der Creme auf dem unteren Boden verteilen. Etwas Fruchtaufstrich in Streifen auf die Creme geben. Darauf dann den mittleren Boden legen und mit der Creme bestreichen. Dabei den Teil, der vom oberen Halbmond-Boden nicht bedeckt wird, nur sehr dünn bestreichen. Wieder Fruchtaufstrich auf der Cremeschicht verteilen. Den oberen Boden nun auflegen. Die Torte mit einem Teil der Creme vollständig dünn einstreichen, um die Krümel zu binden.

6. Restliche Creme zur Seite stellen und die Torte für ca. 1 Stunde kühl stellen.

7. Die Beeren vorbereiten, dazu einige halbieren. Die abgekühlte Torte nochmals mit der restlichen Creme einstreichen. Um den Rand des ausgeschnittenen Bereichs herum besonders viel Creme auftragen; dieser Rand

TIPP Du kannst den Biskuit auch nur halbieren, so ist die Geleeschicht etwas dicker.

sorgt dafür, dass das Gelee später nicht ausläuft. Die Beeren auf dem ausgeschnittenen Bereich schön drapieren, die halbierten Beeren mit der Schnittfläche teilweise auch nach vorne gerichtet. Die Torte nach oben hin weiter verzieren, sodass ein nahtloser Übergang entsteht. Mit der Minze einige grüne Akzente zwischen den Früchten setzen. Nochmals für ca. 1 Stunde kühl stellen.

8. Den Weißwein mit Wasser und Geliermittel verrühren und 1 Minute quellen lassen. Dann den Zucker zugeben und 2 Minuten unter stetigem Rühren aufkochen. Vom Herd nehmen und ca. 10 Minuten abkühlen lassen.

9. Einen ca. 65 cm langen, 8 cm hohen Streifen Backpapier/Tortenfolie zurechtschneiden und um die Torte wickeln. Dabei sollten sich die Enden an der Rückseite der Torte treffen und vorne den offenen Bereich richtig abdichten. Nun vorsichtig mit einem Löffel etwas Gelee hineingeben und leicht fest werden lassen. Langsam weiter Gelee hineingeben, aber nicht zu viel auf einmal. So lange, bis das Gelee mit der Creme-Oberfläche abschließt. Alles kühl und fest werden lassen. Zum Schluss vorsichtig das Backpapier/die Tortenfolie abziehen. Ggf. Creme noch etwas ausbessern und wieder glatt streichen.

FROZEN-JOGHURT-CUPCAKES MIT MARMELADEN-SWIRL

Zubereitung: 15 Minuten
Back-/Ruhezeit: 4 Stunden
Portionen: 12 Stück

BODEN
50 g Vollkornkekse
50 g Kokosmus/Kokosöl

FROZEN JOGHURT
140 g kalte Sahne
5 EL Puderzucker
240 g griechischer Joghurt (10 % Fett)
1 EL Limettensaft

MARMELADEN-SWIRL & TOPPING
12 TL Fruchtaufstrich
(z. B. Himbeere oder Brombeere)

DEKORATION
Himbeeren und Blaubeeren
nach Belieben

ZUBEHÖR
12er Muffinblech
12 Muffinförmchen
Gefrierbeutel

1. Die Kekse in kleine Stücke brechen und in einen Gefrierbeutel füllen oder in Frischhaltefolie wickeln. Mit einem Nudelholz zu feinen Krümeln zermahlen. Das Kokosmus zu den Kekskrümeln hinzugeben und vermischen. Wenn das Kokosmus fest sein sollte, kurz im Topf auf dem Herd oder in der Mikrowelle bei mittlerer Hitze erwärmen.

2. Ein Muffinblech mit den Muffinförmchen auslegen. Die Keksmasse jeweils gleichmäßig in die Förmchen füllen und mit einem Löffel oder dem Boden eines dünnen Glases festdrücken. In den Kühlschrank stellen.

3. Die Sahne in einem hohen Gefäß mit dem Schneebesen eines Rührgeräts aufschlagen, bis sie steif ist. 1 EL Puderzucker dazugeben und nochmals verrühren. Den Joghurt mit dem restlichen Puderzucker und dem Limettensaft verrühren und unter die Sahne heben.

4. Die Masse in die Förmchen auf die Keksböden verteilen. Mit der Form ein wenig auf den Tisch klopfen, damit sich die Masse in jedem Förmchen gleichmäßig verteilt. Je 1 TL des Fruchtaufstrichs in die Mitte geben und dann mithilfe eines Holzspießes leicht verrühren für den Marmeladen-Swirl. Mit frischen Früchten wie Himbeeren und Blaubeeren dekorieren und für mind. 4–5 Stunden gefrieren lassen, am besten über Nacht.

5. Kurz vor dem Servieren aus dem Gefrierschrank nehmen. Da die Förmchen ein wenig am Muffinblech festgefroren sein können, die Frozen-Joghurt-Cupcakes evtl. mit einem Teigschaber aus der Form lösen.

TIPP Wir haben bei unserem Rezept den Fruchtaufstrich Glück Himbeere von Friedrich Göbber verwendet. Diese und viele weitere Sorten gibt es auch als Variante ohne Stücke und Kerne.

TIPP Wenn kein Muffinblech vorhanden ist, kann man z. B. auch Kaffeetassen verwenden.

EIS-SANDWICHES

Zubereitung: 25 Minuten
Back-/Ruhezeit: 7 Stunden
Portionen: 12 Stück

EISCREME
100 g Vanille-Eiscremepulver
180 g kalte Milch
5–6 EL Grenadinesirup
10 g getrocknete Himbeeren

KEKSTEIG
110 g weiche Butter
75 g brauner Zucker
35 g Zucker
1 Prise Salz
1 Ei (Größe M)
180 g Weizenmehl
2 EL Speisestärke
½ TL Natron
½ TL Backpulver

DEKORATION
getrocknete Himbeeren
nach Belieben

1. Das Eiscremepulver zusammen mit der Milch und dem Grenadinesirup in einer Schüssel mit dem Schneebesen eines Rührgeräts sehr schaumig aufschlagen, bis eine weiße, voluminöse Masse entsteht. Die Himbeeren evtl. kleiner hacken und unterheben. Ein langes Stück Frischhaltefolie bereitlegen und die Hälfte der Eismasse längs darauf verteilen, ca. 22 cm lang. Die Frischhaltefolie längs eng einschlagen und die Enden fest zusammenrollen, sodass eine Wurst entsteht, ca. 18 cm lang und 6 cm dick. Mit der anderen Hälfte wiederholen. Für mind. 6–8 Stunden in den Gefrierschrank legen – aber am besten über Nacht, damit die Eismasse ganz fest wird.

2. Für den Keksteig die Butter mit Zucker und Salz in einer Schüssel mit dem Schneebesen eines Rührgeräts sehr schaumig aufschlagen, bis sich der Zucker aufgelöst hat. Das Ei dazugeben und gut unterschlagen, bis eine homogene Masse entsteht. Mehl mit Speisestärke, Natron und Backpulver zugeben und nur noch kurz aufschlagen. Ein langes Stück Frischhaltefolie bereitlegen und die Hälfte des Teigs längs darauf verteilen, ca. 18 cm lang. Die Frischhaltefolie längs eng einschlagen und die Enden fest zusammenrollen, sodass eine Wurst entsteht, ca. 18 cm lang und 3,5 cm dick. Mit der anderen Hälfte wiederholen. Für mind. 2 Stunden kalt stellen, damit die Masse ganz fest wird.

3. Den Backofen auf 180 °C Ober-/Unterhitze vorheizen und ein Backblech mit Backpapier auslegen. Die kalten Teigrollen aus dem Kühlschrank nehmen, aus der Folie wickeln und in ca. 1,5 cm breite Stücke schneiden, ca. 15 g schwer. Auf das Backblech legen und sofort in den vorgeheizten Backofen geben. Für 10–12 Minuten backen, sodass die Ränder der Kekse fest sind, aber die Mitte noch weich ist. Komplett abkühlen lassen.

4. Getrocknete Himbeeren ggf. hacken, in eine Schüssel füllen und mit den Keks-Hälften bereitstellen. Das Eis aus dem Gefrierschrank nehmen, aus der Folie wickeln und in Scheiben schneiden. Diese jeweils zwischen zwei Kekse platzieren. Nach Wunsch einige der Eis-Sandwiches in den gehackten Himbeeren wälzen.

SPAGHETTI-EIS-DESSERT

Zubereitung: 30 Minuten
Back-/Ruhezeit: 3 Stunden
Portionen: 4 Stück

CHEESECAKE

200 g Frischkäse
70 g Zucker
100 g Schmand
40 g Zitronensaft
1 Pck. Agar-Agar
100 g Sahne

KEKSBODEN

40 g Butterkekse
25 g Butter
½ TL Abrieb von 1 unbehandelten
Zitrone

ERDBEERSOSSE

150 g Erdbeeren
1 EL Zitronensaft
2 EL Puderzucker

DEKORATION

etwas weiße Schokolade

ZUBEHÖR

Spritzbeutel mit Spaghetti-Tülle
Teigroller
4 Dessertschüsselchen (ca. Ø 10 cm)

1. Den Frischkäse, Zucker und Schmand in einer Schüssel verrühren und zur Seite stellen. Den Zitronensaft mit Agar-Agar in einen Topf geben und kurz erhitzen, bis die Masse köchelt. Einen guten Esslöffel voll von der Frischkäsemasse in den Topf geben und mit der Geliermasse angleichen, damit eine homogene Masse entsteht. Diese anschließend zur Frischkäsemasse in die Schüssel geben und alles gut verrühren. Die Sahne mit dem Schneebesen eines Rührgeräts steif schlagen und unter die Frischkäsemasse heben. Die Cheesecake-Masse in einen Spritzbeutel mit Spaghetti-Tülle geben und mind. 2–3 Stunden kalt stellen.

2. In der Zwischenzeit den Boden und die Erdbeersoße vorbereiten. Dazu Butterkekse sehr fein zerbröseln. Das geht am besten, indem die Kekse in einer Tüte mit einem Teigroller zerkleinert werden. Butter und Zitronenabrieb mit den Keksbröseln vermengen. Je 1 EL in die Dessertschüsseln verteilen und festdrücken. Bei größeren oder kleinen Dessertschüsseln die Menge dementsprechend anpassen.

3. Für die Erdbeersoße die Erdbeeren waschen und klein schneiden. In einen Topf geben und mit Zitronensaft und Puderzucker vermischen. Auf mittlerer Hitze weich köcheln lassen und danach pürieren. Zur Seite stellen zum Abkühlen.

4. Wenn die Cheesecake-Masse fest(er) geworden ist (kurz ausprobieren!), mit der Spaghetti-Tülle in die vorbereiteten Schüsselchen auf den Keksboden aufspritzen – in einem schönen Berg, wie beim Original Spaghetti-Eis.

5. Die Erdbeersoße darüber verteilen. Für die Dekoration die Schokolade mit mithilfe einer Raspel über die Soße geben und servieren.

NO BAKE COCONUT CHEESECAKE

Zubereitung: 15 Minuten
Back-/Ruhezeit: 5 Stunden
Portionen: 8 Kuchenstücke

MÜSLIBODEN
125 g Knuspermüsli
50 g weiße Schokolade
60 g flüssige Butter

CHEESECAKE-MASSE
325 g Frischkäse
250 g Schmand
100 g Zucker
200 g Kokoscreme
1 Pck. Tortenguss
etwas Wasser
150 g Milch

DEKORATION
etwas Knuspermüsli
etwas weiße Schokolade

ZUBEHÖR
Springform (Ø 20 cm)

1. Eine Springform mit Backpapier auslegen. Das Müsli so fein wie möglich in einem Mixer zerkleinern. Die Schokolade im Wasserbad schmelzen und zusammen mit der Butter und dem zerkleinerten Müsli verrühren, bis alles gut vermengt ist. Die Masse in der Springform verteilen und gut festdrücken. Während der restlichen Zubereitungszeit in den Kühlschrank stellen.

2. Für die Cheesecake-Masse Frischkäse, Schmand, Zucker und die Kokoscreme in einer Schüssel mit einem Schneebesen per Hand zu einer klümpchenfreien Masse verrühren.

3. Den Tortenguss mit etwas Wasser anrühren, sodass sich das Pulver auflösen kann. Zusammen mit der Milch in einen Topf geben, gut verrühren und für 2 Minuten aufkochen. Kurz etwas abkühlen lassen, vorsichtig unter die Frischkäse-Masse heben und zu einer homogenen Masse verrühren.

4. Anschließend die Creme in die Springform auf den Müsli-Boden geben und glatt streichen. Im Kühlschrank mindestens 4–6 Stunden fest werden lassen.

5. Den ausgekühlten Cheesecake vorsichtig aus der Springform lösen. Zum Dekorieren nach Wunsch etwas Müsli auf die Mitte des Cheesecake geben und mit geschmolzener Schokolade feine Linien dekorativ über den Kuchen verteilen.

BEEREN-MINI-TRIFLES

Zubereitung: 35 Minuten
Back-/Ruhezeit: 2 Stunden
Portionen: 6 Stück

KUCHEN

125 g weiche Butter
75 g Zucker
1 Pck. Bourbonvanillezucker
2 Eier (Größe M)
150 g Weizenmehl
1 TL Backpulver
1 Prise Salz
50 g Milch

BEEREN-GELEE

3 Teebeutel Wildbeere
325 ml Wasser
1 TL Agar-Agar
je 80 g Brombeeren & Himbeeren

PUDDING

1 Pck. Vanille-Puddingpulver
2 EL Zucker
500 g Milch

WEITERHIN

Konfitüre nach Belieben
200 g kalte Sahne
1 Pck. Sahnesteif
ggf. einige Minzeblättchen

ZUBEHÖR

Kastenform (25 cm)
6 Dessertglaser (à 220 ml)

1. Den Backofen auf 160 °C Umluft vorheizen. Die Kastenform einfetten und mit etwas Mehl bestäuben.

2. Weiche Butter mit Zucker und Vanillezucker in einer Schüssel mit dem Schneebesen eines Rührgeräts kräftig aufschlagen. Eier nach und nach dazugeben und sehr gut unterschlagen, bis eine homogene Masse entsteht. Mehl mit Backpulver, Salz und Milch unter die Masse heben und nur noch kurz unterrühren. Den Teig in die Kastenform einfüllen und für 35–40 Minuten backen, bis die Stäbchenprobe sauber bleibt. Kurz abkühlen lassen und dann vorsichtig aus der Form lösen. Komplett abkühlen lassen.

3. Die Teebeutel mit heißem Wasser aufgießen und 8 Minuten ziehen lassen. Zusammen mit dem Geliermittel in einen Topf geben und 1 Minute quellen lassen. Anschließend für 2 Minuten unter stetigem Rühren aufkochen lassen. Die Beeren klein schneiden und unter das Gelee rühren (für die Dekoration je 6 Beeren zur Seite legen). Für ca. 10 Minuten zur Seite stellen.

4. Das Puddingpulver mit 2 EL Zucker vermischen und mit 6 EL der Milch verrühren. Die restliche Milch aufkochen, vom Herd nehmen und das angerührte Pulver mit einem Schneebesen einrühren. Den Pudding unter stetigem Rühren kurz aufkochen. Zur Seite stellen und mit Frischhaltefolie abdecken.

5. Den Kuchen in 1 cm dicke Scheiben schneiden und mit einem der Dessertgläser 12 Kreise ausstechen. Andernfalls können die Kuchenscheiben auch in Würfel geschnitten werden. Die erste Schicht Kuchen in den Gläsern platzieren. Etwas Konfitüre auf die Kuchenschicht geben. Den abgekühlten Pudding ggf. nochmals glatt rühren und dann darauf geben. Das Fruchtgelee darauf verteilen und kurz anziehen lassen. Erneut eine Schicht Kuchen in das Glas geben und weiterschichten wie zuvor. Alles abkühlen und fest werden lassen.

6. Sahne etwas aufschlagen, bis sie leicht cremig ist. Dann das Sahnesteif unterrühren und zu einer steifen Creme schlagen. Die Sahnecreme auf die Dessertgläser aufteilen. Zum Schluss noch mit Himbeeren und Brombeeren sowie nach Wunsch auch mit etwas frischer Minze dekorieren.

GLUTEN FREI

MANGO-VANILLE-CHARLOTTE

Zubereitung: 35 Minuten
Back-/Ruhezeit: 1 Tag 2 Stunden
Portionen: 6 Kuchenstücke

MANGO-FRUCHTROLLEN
200 g Mango (aus der Dose)
1 Pck. Tortenguss
50 ml Wasser

PANCAKE-TEIG
1 Ei (Größe M)
4 EL Zucker
125 g Milch
90 g Reismehl
½ TL Backpulver
1 Prise Salz
etwas Butter oder
neutrales Pflanzenöl

FÜLLUNG
1 Pck. Torten- oder
Dessertcreme mit Vanillegeschmack

ZUBEHÖR
Kastenbackform (ca. 17,5 cm x 28 cm)
runde Schüssel (Ø ca. 14 cm)

1. Für die Fruchtrollen die Mangostücke mit einem Pürierstab oder Mixer fein pürieren. Davon 2 EL kühl stellen. Den Tortenguss mit Wasser verrühren und zusammen mit dem restlichen Mango-Püree in einen Topf geben. Alles gut verrühren und für 2 Minuten aufkochen lassen. Die Mango-Masse in die mit etwas Fischhaltefolie ausgelegte Backform geben und darauf achten, dass die Masse gleichmäßig bis in die Ecken verstrichen ist. Mit einem Teigspatel vorsichtig gerade und glatt streichen. Für 24 Stunden unabgedeckt in den Kühlschrank stellen (damit die Masse später beim Aufrollen nicht einreißt).

2. Für den Pancake-Teig das Ei trennen. Eigelb zusammen mit Zucker, Milch, Reismehl und Backpulver mit einem Schneebesen per Hand verrühren. Ca. 10 Minuten zur Seite stellen. Das Eiweiß mit dem Salz dem Schneebesen eines Rührgeräts zu Eischnee aufschlagen und vorsichtig unter die Eigelb-Masse heben. Eine beschichtete Pfanne etwas einfetten und auf mittlere Hitze stellen. Einen Teil des Teigs in die Pfanne geben, sodass er einen Durchmesser von ca. 13 cm erreicht (je nach Größe der Charlotte-Schüssel). Von beiden Seiten goldbraun backen. Kurz abkühlen lassen und zur Seite stellen Aus dem restlichen Teig können Pancakes zum sofortigen Genuss gebacken werden.

3. Für die Füllung die Torten- oder Dessertcreme nach Packungsangabe zubereiten. Achtung: Hier bitte mit 50 ml weniger Milch, als auf der Packung angegeben, zubereiten. Nur so wird die Creme anschließend ausreichend fest.

4. Die gelierte Mango-Masse aus dem Kühlschrank nehmen. Etwas von der Füllung auf die Mango-Masse geben, auf einer der langen Seiten nur dünn auftragen. Von der dünn bestrichenen Seite aus aufrollen.

5. Die Charlotte-Schüssel mit etwas Frischhaltefolie auslegen. Die Mango-Rolle in ca. 5 mm dünne Scheiben schneiden und die Schüssel damit rundherum auslegen. Die restliche Creme nun vorsichtig einfüllen, es bleibt zum Fruchtrouladen-Rand ca. 1 cm frei.

6. Den ausgekühlten Pancake mit dem übrigen Mango-Püree bestreichen und mit der Püree-Seite auf die Creme in die gefüllte Schüssel geben. Die noch überstehende Folie bis zur Mitte des Pancakes klappen und etwas festziehen, damit alles gut und fest zusammenhält. Für mindestens 2 Stunden kühl stellen.

HERZHAFT SCHLEMMEN

In diesem Kapitel zeigen wir dir, dass es beim Backen nicht immer süß sein muss, denn herzhafte Gebäcke haben ebenfalls ihren Reiz. Ganz besonders wird das Geschmackserlebnis manchmal auch, wenn man süß und salzig einfach zur Abwechslung kombiniert, wie z. B. bei der unfassbar leckeren BBQ Jackfruit Pie oder dem Kräuter-Foccacia-Garden mit karamellisierten Walnüssen. Diese Rezepte eignen sich super, wenn du dich mal wieder nicht entscheiden kannst, ob du lieber Lust auf was Süßes oder Herzhaftes hast – hier bekommst du nämlich gleich beides!

KRÄUTER-FOCACCIA-GARDEN

Zubereitung: 30 Minuten
Back-/Ruhezeit:
1 Stunde 10 Minuten
Portionen: 12 Stück

KARAMELLISIERTE WALNÜSSE

60 g Walnüsse
35 ml Wasser
25 g Zucker
1 Pck. Bourbonvanillezucker

HEFETEIG

½ Würfel Hefe (21 g)
175 ml lauwarmes Wasser (35 °C)
300 g Weizenmehl
1 TL Salz
1 TL Zucker
3 EL Olivenöl
1–2 TL getrocknete Kräuter
nach Belieben

BELAG

1 gelbe Paprika
1 kl. rote Zwiebel
1–2 entsteinte schwarze Oliven
einige Stängel glatte Petersilie
50 ml Wasser
1 TL Salz
etwas Olivenöl

ZUBEHÖR

Teigroller
PInsel

1. Die Walnusskerne klein hacken. Wasser mit Zucker und Vanillezucker in einer Pfanne aufkochen, bis sich der Zucker auflöst und anfängt leicht zu bräunen. Die Walnüsse dazugeben, die Hitze reduzieren und unter ständigem Rühren im Karamell wälzen. Wenn der Zucker matt und „bröselig" wird, weiter erhitzen, bis ein glänzender Überzug entsteht. Karamellisierte Nüsse auf ein Backpapier geben und abkühlen lassen.

2. Die Hefe in lauwarmem Wasser auflösen. Das Mehl in eine Rührschüssel geben und eine kleine Mulde bilden. Die Hefe, Salz, Zucker, Olivenöl sowie Kräuter hineingeben. Mit dem Knethaken eines Rührgeräts zunächst auf niedriger, dann auf höchster Stufe ca. 3–5 Minuten zu einem glatten Teig kneten. Den Teig an einem warmen Ort zugedeckt ca. 30 Minuten gehen lassen, bis er sich sichtbar vergrößert hat.

3. In der Zwischenzeit das Gemüse für den Belag vorbereiten. Dazu die Paprika waschen, das Kerngehäuse und weiße Innenhäute entfernen und die Paprika in dünne Streifen schneiden. Die Zwiebel schälen und in Scheiben schneiden. Die Oliven längsseitig halbieren. Petersilie waschen und trocken schütteln.

4. Den Teig auf einer leicht bemehlten Arbeitsfläche kurz durchkneten und dabei 50 g der karamellisierten Walnüsse unterkneten. Zu einem Rechteck (ca. 25 cm x 35 cm) ausrollen. Auf ein mit Backpapier ausgelegtes Backblech legen. Abgedeckt für ca. 15 Minuten gehen lassen.

5. Den Backofen auf 180 °C Umluft vorheizen. Den Teig mit den Fingern so eindrücken, dass sich die charakteristischen Mulden der Focaccia bilden. Wasser mit Salz zu einer Salzlake verrühren und mit einem Pinsel auf den Teig auftragen. Aus dem Gemüse eine bunte Blumenwiese legen. Dazu die gelbe Paprika als Sonnenblumen legen, Oliven als Blütenmitte. Die Zwiebelscheiben dienen als Blütenknospen, die Petersilie als Blätter und Stängel. Die übrigen karamellisierten Walnüsse als Boden aufstreuen. Alles mit etwas Öl bepinseln und für 20–25 Minuten backen. In Stücke schneiden und am besten noch warm servieren.

LAUGENBREZELN MIT SESAM

Zubrereitung: 40 Minuten
Back-/Ruhezeit: 1 Stunde
Portionen: 8 Stück

LAUGENTEIG
500 g Weizenmehl
1 Pck. Trockenhefe
2 TL Zucker
1 TL Salz
300 g lauwarme Milch (35 °C)

NATRONLAUGE
1,5 l Wasser
60 g Natron

DEKORATION
Sesam zum Bestreuen

1. Mehl, Hefe, Zucker, Salz und Milch in eine Rührschüssel geben und mit dem Knethaken eines Rührgeräts zu einem geschmeidigen Teig verkneten. Den Teig zugedeckt an einem warmen Ort für ca. 30–40 Minuten aufgehen lassen, bis sich das Volumen fast verdoppelt hat.

2. Den Teig kurz durchkneten, zu einer Rolle formen und diese in 8–9 gleich große Stücke teilen. Die Teigstücke jeweils gut kneten, bis sich der Teig leicht feucht anfühlt. So kann er am besten ausgerollt werden. Dann zu einer Kugel rollen und zum Formen der Brezeln zu ca. 45 cm langen Strängen ausrollen. Dabei sollte die Mitte dicker als die Enden sein. Die Enden aber nicht ganz dünn ausrollen, kurz vor dem Ende aufhören, damit kleine „Knöpchen" außen entstehen. Die Stränge werden einmal verschlungen und die „Knöpchen" auf der jeweils anderen Seite angedrückt (im Video-Tutorial zeigen wir die „Wurftechnik"). Die geformten Brezeln auf ein mit Backpapier ausgelegtes Backblech legen und nochmals ca. 10 Minuten gehen lassen.

3. Währenddessen den Backofen auf 180 °C Ober-/Unterhitze vorheizen und für die Natronlauge das Wasser in einem großen Topf aufkochen. Handschuhe anziehen. Sobald das Wasser kocht, die Temperatur reduzieren, bis es aufhört zu kochen, und dann das Natron zugeben. Für einen Moment ziehen lassen. Die Brezel verkehrt herum auf eine Schaumkelle legen und für ca. 20–30 Sekunden in die heiße Lauge geben. Darauf achten, dass die Brezel komplett in der Lauge schwimmt, dazu mit der Schaumkelle etwas nach unten drücken. Dann die Brezel zurück auf das Backblech legen und mit Sesam bestreuen. An der dicken Stelle der Brezel mit einem scharfen (Cutter-)Messer von der einen bis zur anderen Seite einschneiden. Mit den restlichen Brezeln wiederholen.

4. Die Laugenbrezeln für ca. 15 Minuten goldbraun backen. Frisch aus dem Backofen schmecken sie besonders gut!

LUST AUF PERFEKTE BREZELN?

snoopstar

GANZE SEITE SCANNEN UND DIE „WURFTECHNIK" FÜR BREZELN KENNENLERNEN.

ANLEITUNG
SIEHE SEITE 3.

TIPP Wer den Brezeln einen besonderen Kick geben möchte, überzieht sie mit etwas Schokolade.

TEIG

170 g Weizenmehl
1 TL Salz
1 TL Zucker
100 ml kaltes Wasser
135 g kalte Butter

WEITERHIN

160 g Bacon oder Zucchini
1 Ei (Größe M)
etwas Milch
schwarzer Pfeffer aus der Mühle

FÜLLUNG

300 g Frischkäse
80 g Mayonnaise
½ TL schwarzer Pfeffer aus der Mühle
1 Msp. Paprikapulver (edelsüß oder geräuchert)
Abrieb von ¼ unbehandelten Orange
Salz

ZUBEHÖR

Teigroller
Schaumrollen-Formen
Spritz-/Gefrierbeutel

PFEFFER-ORANGEN-ROLLEN AUS BLITZ-BLÄTTERTEIG

1. Mehl, Salz, Zucker und kaltes Wasser mit dem Knethaken eines Rührgeräts verkneten. Ggf. noch etwas mit der Hand nachkneten, aber darauf achten, dass die Masse nicht zu warm wird. Die Butter in Stücke schneiden und unter den Teig kneten – aber nur kurz, die Stücke sollen erhalten bleiben.

2. Eine Frischhaltefolie etwas mit Mehl bestäuben, die Teig-Butter-Masse einwickeln und flach drücken. Für 20–30 Minuten in das Gefrierfach legen.

3. Den Teig in eine Richtung ausrollen und tourieren: Ein Drittel in die Mitte falten und die andere Seite darauf, so dass drei Lagen entstehen. Den Teig wieder ausrollen. Wichtig ist, den Teig immer zu den offenen Seiten hin auszurollen und auch bei dieser Ausroll-Richtung zu bleiben. Insgesamt muss 5 Mal touriert werden. Wenn der Teig zwischendurch zu weich wird, immer kurz in das Gefrierfach legen.

4. Nach der fünften Tour den Blitz-Blätterteig etwa 3 mm dünn auf ca. 45 cm Breite ausrollen. Der Länge nach in 1,5 cm breite Streifen schneiden. Den Backofen auf 180 °C Umluft vorheizen.

5. Die Schaumrollen-Formen mit Schinken- oder Zucchinischeiben umwickeln. Danach die Blätterteig-Streifen darumlegen und auf ein mit Backpapier ausgelegtes Backblech legen. Ein Eigelb mit etwas Milch verrühren und mit einem Pinsel auf die Rollen streichen. Danach etwas Pfeffer auf den Rollen verteilen. Für 15–18 Minuten backen. Nach dem Backen die Schaumrollen-Formen entfernen und mit dem restlichen Teig wiederholen.

6. Während der Backzeit für die Füllung Frischkäse, Mayonnaise, Pfeffer, Paprikapulver und Orangenabrieb miteinander verrühren und mit Salz abschmecken. In einen Spritzbeutel (oder Gefrierbeutel) füllen und im Kühlschrank kurz kalt stellen.

7. Wenn die Schaumrollen alle abgekühlt sind, den Spritzbeutel unten aufschneiden, ca. 1 cm breit (beim Gefrierbeutel eine Ecke aufschneiden) und
die Füllung in die Rollen hineinspritzen. Nach Wunsch können die Schaumrollen vor dem Befüllen auch mit einem scharfen Messer geteilt werden,
damit es handliche Snacks werden.

BBQ JACKFRUIT PIE

Zubereitung: 30 Minuten
Back-/Ruhezeit:
1 Stunde 30 Minuten
Portionen: 8 Pie-Stücke

PIE-TEIG
175 g kalte Butter
260 g Weizenmehl
1 TL Salz
1 TL Zucker
2–3 EL Eiswasser
½ TL getrocknete Kräuter
nach Belieben

FÜLLUNG
1 kl. Zwiebel
1 Dose Jackfruit
(ca. 250 g Abtropfgewicht)
etwas Öl
160 g Barbecuesoße
45 g Quittengelee

ZUBEHÖR
Teigroller
Tarte- oder Springform (Ø 24 cm)
Ausstecher nach Belieben

1. Die Butter in kleine Stücke schneiden. Mehl, Salz und Zucker in einer Schüssel vermischen und die kalten Butterstücke mit den Fingerspitzen in die Mehlmischung einarbeiten, bis eine bröselige Masse entsteht. 2–3 EL Eiswasser (sehr kaltes Wasser, am besten mit Eiswürfeln) mit einem Löffel in die Mehl-Buttermischung mengen. Rasch zu einem glatten Teig kneten, damit die Butter nicht schmilzt. Wenn nötig, noch 1 EL Eiswasser zugeben. Den Mürbeteig halbieren und in eine der Hälften die Kräuter untermengen. Beide Teige zu flachen Ziegeln formen, in Folie wickeln und für 1 Stunde im Kühlschrank kalt stellen.

2. In der Zwischenzeit die Füllung vorbereiten. Dazu die Zwiebel schälen und klein hacken. Die Flüssigkeit der Jackfruit abgießen, Jackfruit mit Wasser kurz abspülen und fein zupfen (oder schneiden). Die Zwiebel in einer Pfanne mit etwas Öl andünsten und die Jackfruit dazugeben. Alles anrösten und die Barbecuesoße dazugeben. Gut vermengen und für 1 Minute köcheln lassen. Quittengelee dazugeben und so lange verrühren, bis sich das Gelee aufgelöst hat. Zur Seite stellen und etwas abkühlen lassen.

3. Den Teig mit den Kräutern nochmals kurz durchkneten und auf einer leicht bemehlten Arbeitsfläche mit einem Teigroller dünn ausrollen. In die Tarteform legen und die Ränder andrücken. Kalt stellen. Den Teig ohne Kräuter ebenfalls kurz durchkneten und mit dem Teigroller dünn ausrollen, sodass eine Teigdecke entsteht. Mit Ausstechformen 2–3 Formen mittig ausstechen und ebenfalls alles bis zur Verwendung kurz kalt stellen.

4. Den Backofen auf 180 °C Ober-/Unterhitze vorheizen. Die Jackfruit-Masse in die vorbereitete Tarteform füllen.

5. Die Pie-Decke auflegen und die Ränder andrücken. Überstehenden Teig abnehmen, den übrigen Teig ohne Kräuter nochmals ausrollen und Blätter ausstechen. Diese zusammen mit den bereits ausgestochenen Formen dekorativ auf der Pie-Decke verteilen. Für 20–25 Minuten im Ofen backen, bis der Pie leicht gebräunt ist.

TIPP Ohne Brotgärform kann man den Teig auch in eine mit einem bemehltem Geschirrtuch ausgelegte Schüssel legen.

SCHNELLES SAUERTEIGBROT

Zubereitung: 15 Minuten
Back-/Ruhezeit: 3 Stunden
Portionen: 1 Brot

375 g Roggenmehl (Type 1150)
½ Pck. Sauerteig
½ Pck. Trockenhefe
10 g Salz
20 g Honig
300 ml lauwarmes Wasser (35 °C)

ZUBEHÖR
Brotgärform

1. In einer großen Schüssel das Roggenmehl mit dem Sauerteig, der Hefe und dem Salz vermischen. Honig und Wasser hinzugeben und alles mit einem Holzlöffel gut vermischen.

2. Den weichen Teig auf eine bemehlte Arbeitsfläche geben und rundwirken. Dazu die Hände bemehlen und den Teig flach drücken. Nun die zu dir gerichtete Teighälfte greifen und etwas anheben. Den Teig zur Mitte einwälzen und rundherum wiederholen. Dadurch bekommt der Teig etwas mehr Spannung und klebt nicht mehr. Ggf. dabei etwas nachmehlen. Den Teig umdrehen, sodass der zusammengewirkte Schluss auf der Arbeitsfläche liegt. Nun die Hände auf den Teig legen und die Hände mit etwas Druck unter den Teig ziehen. So lange wiederholen, bis ein straffer Teig entstanden ist. Jetzt bleibt der Teig stehen und verläuft nicht mehr.

3. Die Brotgärform reichlich bemehlen, damit der Teig später nicht kleben bleibt. Die Teigkugel mit der glatten runden Seite nach unten in den Gärkorb legen.

4. Mit einem Geschirrtuch abgedeckt an einem warmen Ort für 1–2 Stunden gehen lassen, bis sich das Volumen verdoppelt hat.

5. Den Backofen mit Backblech einige Zeit vorher auf 250 °C Ober-/Unterhitze vorheizen. Eine Auflaufform mit Wasser füllen und auf den Boden des Backofens stellen. Wenn der Teig gegangen ist, das heiße Backblech aus dem Ofen holen. Den Teig im Gärkorb auf das Blech stürzen und vorsichtig abnehmen. Das Backblech mittig in den Backofen schieben und ein zweites Backblech mit etwas Abstand darüber einschieben. Dadurch entsteht ein kleinerer Garraum. Die Backofentemperatur auf 220 °C reduzieren und für ca. 35 Minuten backen.

6. Danach das obere Backblech entfernen und für weitere 10–15 Minuten backen. Die Temperatur ggf. auf 180 °C reduzieren, wenn die Kruste schon dunkel sein sollte. Aus dem Ofen nehmen und vor dem ersten Anschnitt komplett abkühlen lassen.

ADVENT, ADVENT...

Die ersten Schneeflöckchen sind bereits vom Himmel gefallen, und nun steht es endgültig fest: Der Winter ist da! Also wird es jetzt höchste Zeit, mit der Weihnachtsbäckerei anzufangen. Und darauf freuen wir uns doch insgeheim alle Jahre wieder. Schließlich ist die Vorweihnachtszeit genau die Zeit, in der wir uns besinnen und zurücklehnen sollten. Wir wollen uns nicht mehr vom Weihnachtsstress mitreißen lassen und stattdessen lieber in der Küche gemütlich himmlische Plätzchen backen. So kannst du dich und deine Liebsten das Jahresende noch ein bisschen versüßen. Wenn es aber doch mal ganz schnell und einfach gehen soll, ist der Glühweinkuchen genau das Richtige für dich.

TANNENBAUM-PLÄTZCHEN

Zubereitung: 1 Stunde 30 Minuten
Back-/Ruhezeit: 1 Stunde 15 Minuten
Portionen: 6 Stück

MÜRBETEIG
200 g kalte Butter
100 g Zucker
1 Ei (Größe M)
300 g Weizenmehl
1 Pck. Bourbonvanillezucker

ROYAL ICING & DEKORATION
1 Eiweiß (Größe M)
1 Prise Salz
1–3 TL Zitronensaft
250 g Puderzucker
grüne und gelbe Lebensmittelfarbe

ZUBEHÖR
Ausstecher in Sternform
in 4 verschiedenen Größen
2 Spritzbeutel

1. Die Butter in kleine Stücke schneiden, Zucker, Ei, Mehl und Vanillezucker mit dem Knethaken oder mit den Händen verkneten. Den Teig aus der Schüssel nehmen und nur kurz mit kalten Händen glatt verkneten, damit der Teig geschmeidig bleibt. Den Mürbeteig zu einem flachen Ziegel formen, in Folie wickeln und 30–60 Minuten im Kühlschrank kalt stellen.

2. Backofen auf 175 °C Umluft vorheizen. Den Mürbeteig mit den Händen auf der bemehlten Arbeitsfläche kurz durchkneten, dann mit einem Teigroller ca. 5 mm dick ausrollen. Beim Ausrollen den Teig zwischendurch hochheben und in Bewegung halten, damit der Teig nicht auf der Arbeitsfläche kleben bleibt. Mithilfe der Ausstecher 12 Sterne je Größe aus dem Teig ausstechen. Die Sterne auf ein mit Backpapier ausgelegtes Backblech legen und 10–12 Minuten leicht goldbraun backen und danach abkühlen lassen. Falls Teig übrig bleiben sollte, kann man weitere Plätzchen ausstechen oder ihn für eine Tarte nutzen.

3. Das Eiweiß mit dem Salz und dem Zitronensaft steif schlagen. Den Puderzucker nach und nach auf das Eiweiß sieben und unterrühren, bis eine glatte Masse entsteht. Bei Bedarf noch etwas Zitronensaft zugeben. Die Masse sollte leichte Spitzen ziehen, wenn man den Schneebesen nach oben zieht. 1–2 EL der Masse zur Seite stellen und den Rest mit der Lebensmittelfarbe grün einfärben.

4. 2–3 EL des grünen Royal Icings in einen Spritzbeutel geben und ein 1–2 mm kleines Loch an der Spitze in den Spritzbeutel schneiden. Sechs der kleinsten Sterne zur Seite legen, diese sollen gelb werden. An den Rändern der anderen Sterne mit dem Spritzbeutel entlang zeichnen und so einen sauberen Randabschluss ziehen.

5. Das restliche Royal Icing mit 1–2 EL Wasser verdünnen, sodass eine fließende und glatte Oberfläche entsteht. In den Spritzbeutel füllen und diesen etwas größer aufschneiden. Auf die Sterne geben und mit einem Zahnstocher o. Ä. noch in die Ecken, Ränder und Löcher verstreichen, damit eine glatte Oberfläche entsteht. Gut trocknen lassen.

6. Das zur Seite gestellte Royal Icing mit der Lebensmittelfarbe gelb einfärben und Schritt 4 und 5 auf den restlichen kleinsten Sternen wiederholen. Die grünen Sterne von groß auf klein je zwei übereinanderstapeln und mit dem übrigen Royal Icing verkleben. Die gelben Sterne obenauf setzen, mit Royal Icing festkleben – und fertig!

GLÜHWEINKUCHEN IM TANNENBAUM-DESIGN

Zubereitung: 50 Minuten
Back-/Ruhezeit: 1 Stunde
Portionen: 12 Kuchenstücke

TEIG

300 g weiche Butter
250 g Zucker
1 Pck. Bourbonvanillezucker
1 Prise Salz
6 Eier (Größe M)
375 g Weizenmehl
1 Pck. Backpulver
35 g Backkakao
3–4 TL Glühwein-Gewürz
250 g Rotwein oder
roter Traubensaft
150 g Schokostreusel
nach Belieben

ROYAL ICING & DEKORATION

1 Eiweiß
1 Prise Salz
1–3 TL Zitronensaft
250 g Puderzucker
grüne Lebensmittelfarbe
goldene Zuckerperlen

ZUBEHÖR

Springform (Ø 26 cm)
Spritzbeutel

1. Den Backofen auf 170 °C Umluft vorheizen und den Boden der Springform gut einfetten.

2. Butter, Zucker, Vanillezucker und Salz in der Rührschüssel mit dem Schneebesen eines Rührgeräts sehr schaumig schlagen. Eier einzeln zufügen und je für eine halbe Minute unterrühren. Alles sehr gut unterschlagen, bis eine homogene Masse entsteht, das dauert ca. 3–5 Minuten.

3. Mehl mit Backpulver, Kakaopulver und Glühwein-Gewürz mischen. Die Mehlmischung mit dem Rotwein abwechselnd unterheben und nur noch kurz aufschlagen. Nach Belieben Schokostreusel unterheben. Den Teig in die gefettete Springform geben. Ca. 55–60 Minuten backen, bis die Stäbchenprobe sauber bleibt. Etwas abkühlen lassen und vorsichtig aus der Form entfernen. Kopfüber, am besten auf einem Gitter, komplett auskühlen lassen. Sollte der Kuchen eine kleine Wölbung beim Backen bekommen, diese nach dem Abkühlen mit einem Brotmesser gerade abschneiden.

4. Das Eiweiß mit dem Salz und dem Zitronensaft steif schlagen. Den Puderzucker nach und nach auf das Eiweiß sieben und unterrühren, bis eine glatte Masse entsteht. Bei Bedarf noch etwas Zitronensaft zugeben. Die Masse sollte leichte Spitzen ziehen, wenn man den Rührer nach oben zieht. Die Masse mit der Lebensmittelfarbe grün einfärben.

5. In einen Spritzbeutel füllen und ein ca. 3 mm kleines Loch an der Spitze in den Spritzbeutel schneiden. Von der Mitte des Kuchens von klein auf groß die Linien für einen Tannenbaum zeichnen. Als Hilfe kann man sich mit einem Messer die Linien der einzelnen Kuchenstücke vorzeichnen. Mit den goldenen Zuckerperlen bestreuen. In Stücke schneiden und servieren.

WICHTEL-DOPPELKEKSE MIT SCHOKOLADEN-SPEKULATIUS-FÜLLUNG

Zubereitung: 30 Minuten
Back-/Ruhezeit:
1 Stunde 30 Minuten
Portionen: 16 Stück

BUTTERKEKSE
260 g Weizenmehl
175 g weiche Butter
75 g Puderzucker
1 Pck. Bourbonvanillezucker
1 Prise Salz
1 Eiweiß (Größe M)

SCHOKOLADEN-SPEKULATIUS-FÜLLUNG
130 g Zartbitterkuvertüre
50 g Spekulatiuscreme +
etwas zum Bestreichen

ZUBEHÖR
Präge-Ausstecher Wichtel
(z. B. von Städter)
Geschenkbeutel

1. Das Mehl mit der Butter, dem Puderzucker, Vanillezucker und Salz in eine Rührschüssel geben und mit dem Knethaken eines Rührgeräts zu einem sandigen Teig verkneten. Das Eiweiß dazugeben und verrühren. Den Teig noch kurz auf einer bemehlten Arbeitsfläche mit den Händen verkneten. Der Teig sollte schön geschmeidig werden und nicht an der Arbeitsfläche oder den Händen kleben. Zu einem Ziegel formen und in Frischhaltefolie gepackt im Kühlschrank für ca. 1–2 Stunden (oder kürzer im Gefrierschrank) fest werden lassen.

2. In der Zwischenzeit die Schokoladen-Füllung vorbereiten. Dazu die Kuvertüre im Wasserbad schmelzen. Die Spekulatiuscreme mit der geschmolzenen Kuvertüre verrühren. Ein Backpapier auf einem Schneidebrett auslegen und die Schokoladen-Masse ca. 2 mm dünn darauf verteilen. Im Kühlschrank abkühlen und fest werden lassen.

3. Ein Backblech mit Backpapier auslegen. Den gekühlten, festen Teig nochmals kurz durchkneten und auf der bemehlten Arbeitsfläche mit einem Teigroller ca. 2–3 mm dünn ausrollen. Mit dem Präge-Ausstecher die Wichtel ausstechen und auf das Backblech legen. Für ca. 10 Minuten in den Kühlschrank geben, bis die Plätzchen wieder fester werden.

4. Den Backofen auf 160 °C Umluft vorheizen. Die gekühlten Plätzchen für 10–12 Minuten backen, bis sie leicht gebräunt sind. Abkühlen lassen.

5. Den Ausstecher säubern und unter heißem Wasser erwärmen. Abtrocknen und aus der gekühlten Schokoladen-Masse Wichtel ausstechen. Auf der Oberseite eines Wichtel-Keks mit einem Messer etwas Spekulatiuscreme auftragen und die ausgestochene Schokoladen-Masse darauflegen. Auf die Unterseite eines anderen Wichtel-Keks ebenfalls Spekulatiuscreme auftragen und den Doppelkeks damit schließen. In Geschenkbeuteln verpackt sind sie eine tolle Wichtel-Überraschung!

ADVENTSKRANZ-BAUMKUCHEN

Zubereitung: 1 Stunde 30 Minuten
Back-/Ruhezeit: 1 Stunde
Portionen: 10 Kuchenstücke

TEIG
6 Eier (Größe M)
250 g weiche Butter
200 g Zucker
2 Pck. Bourbonvanillezucker
1 Prise Salz
3–4 EL Rum nach Belieben
150 g Weizenmehl
50 g Speisestärke
100 g gemahlene Mandeln

FÜLLUNG
45 g Rote Johannisbeer-Gelee
1–2 EL Wasser

DEKORATION
60 g Zartbitterkuvertüre
1–2 TL neutrales Pflanzenöl
Zuckerschrift in der Tube
rote Perl-Kugeln

ZUBEHÖR
Springform (Ø 20cm)
Pinsel

1. Den Boden der Springform mit Backpapier auslegen. Den Backofen vorheizen auf ca. 250 °C Oberhitze/höchste Stufe der Grill-Funktion.

2. Eier trennen und Eiweiß mit Salz mit dem Schneebesen eines Rührgerätssehr steif schlagen. Eigelbe mit der Butter, Zucker und Vanillezucker in einer Rührschüssel geschmeidig rühren, bis eine gebundene Masse entsteht. Den Rum unterrühren. Mehl mit Speisestärke und gemahlenen Mandeln mischen und in 2–3 Portionen kurz unterrühren. Eischnee vorsichtig unter den Teig heben.

3. 1–2 EL Teig gleichmäßig auf dem Boden der vorbereiteten Springform verstreichen. Die Form auf dem Rost so weit oben wie möglich in den Backofen schieben. Die Teigschicht ca. 2 Minuten hellbraun backen. Wichtig ist, dass die Schichten nicht zu lange gebacken werden, sonst wird der Kuchen später zu trocken. Aus dem Backofen nehmen und als zweite Schicht wieder 1–2 EL Teig auf die gebackene Schicht streichen. Die Form wieder oben in den Backofen schieben und auf diese Weise den halben Teig verarbeiten, das sind ca. 6 Schichten. Den fertigen Kuchen mit einem Messer vorsichtig vom Rand der Form lösen und abkühlen lassen. Mit dem restlichen Teig einen zweiten Kuchen wie zuvor backen.

4. Das Rote Johannisbeer-Gelee im Topf oder der Mikrowelle mit etwas Wasser erhitzen, bis alles flüssig ist. Die Oberfläche des ersten Kuchens damit bestreichen, den zweiten darauflegen, etwas festdrücken und die zweite Oberfläche mit dem flüssigen Gelee bestreichen. Wer möchte, kann auch etwas mehr Gelee erwärmen, den unteren Kuchen fest mit Backpapier umranden und dann eine 2–3 mm dicke Schicht Gelee daraufgeben. Darauf achten, dass am Rand nichts herunterläuft und gelieren lassen, dies geht recht schnell. Zum Aneinanderkleben etwas Gelee auf den Boden der zweiten Schicht geben, aufsetzen und noch die Oberseite bepinseln. Trocknen lassen. Ca. 1 cm vom Rand abschneiden und in der Mitte mithilfe des Gelee-Deckels als Schablone ein Loch herausschneiden. Dieses Stück zur Seite stellen und später ebenfalls dekorieren. Das wird das Probestück für die Bäcker:in.

5. Für die Dekoration die Zartbitterkuvertüre grob hacken und mit Öl im Wasserbad schmelzen lassen. Nur kurz abkühlen lassen, die Konsistenz sollte fließend sein, nicht zu flüssig. Mit einem Teelöffel die Schokolade auf dem Kuchen verteilen und an den Seiten vereinzelt herunterfließen lassen. Gut kühlen und trocknen lassen.

6. Mit der Zuckerschrift auf die abgekühlte Schokolade Blätter aufmalen und die Perl-Kugeln in der Mitte festkleben.

Zubereitung: 40 Minuten
Back-/Ruhezeit: 45 Minuten
Portionen: 30 Stück

TEIG
110 g Milch
2 Beutel Chai-Tee
125 g Weizenmehl
25 g gemahlene geschälte Mandeln
1 TL Backpulver
50 g weiche Butter
50 g brauner Zucker
1 EL Honig
1 Ei (Größe M)
je 1 Msp. Muskatnuss, Zimt,
Nelkenpulver, Kardamompulver,
Ingwerpulver, Pfeffer

CHAIKUGELN
20–30 g Schwarze Johannisbeer-
Konfitüre
etwas Zucker
etwas Goldpuder

ZIMTKUGELN
20–30 g Schwarze Johannisbeer-
Konfitüre
1 TL Zimt
120 g Zartbitterkuvertüre
etwas Goldpuder

ZUBEHÖR
12er Muffinblech
evtl. Muffinförmchen aus Papier

CHAI- UND ZIMTKUGELN

1. 6 Mulden einer Muffinform fetten oder mit Papierbackförmchen auslegen. Den Backofen auf 180 °C Ober- und Unterhitze vorheizen. Für den
Teig die Hälfte der Milch in einem Topf erwärmen, den Chai-Tee darin ca.
5 Minuten ziehen lassen und anschließend abkühlen lassen. Mehl mit den
gemahlenen Mandeln und dem Backpulver vermischen. Butter in Stücke
schneiden und mit dem Zucker schaumig schlagen. Den Honig und das Ei
unterrühren. Die Buttermasse in 2 Teile teilen. In die eine Hälfte die abgekühlte Tee-Milch und die Gewürze unterrühren, in die andere Hälfte die
restliche Milch unterrühren. Die eine Hälfte der Mehlmischung unter den ge-
würzten Teig, die andere Hälfte unter den ungewürzten Teig heben. Beide
Teige auf je 3 Muffinförmchen verteilen und im Ofen ca. 25 Minuten backen.
Aus dem Ofen holen und abkühlen lassen.

2. Um die Chaikugeln fertigzustellen, die 3 Chai-Muffins in einer Schüssel
klein zerbröseln. Die Konfitüre dazugeben und alles zu einer marzipanähn-
lichen Masse vermengen. Etwas Zucker mit Goldpuder vermischen und
bereitstellen. Die Chai-Masse zu kleinen Kugeln formen und im Goldzucker
wälzen. Fertig sind die Chaikugeln!

3. Für die Zimtkugeln die 3 restlichen Muffins ebenfalls klein zerbröseln.
Konfitüre und Zimt dazugeben. Alles gut miteinander vermengen.

4. Zum späteren Überziehen die Schokolade vorbereiten: Damit die Kugeln
später nicht grau werden, muss beim Schmelzen sehr auf die Temperatur ge-
achtet werden, am besten ein Thermometer verwenden (siehe Tipp) und
immer ein Auge darauf haben. 2 TL der angeschmolzenen Schokolade noch
zum Wiener Boden hinzugeben, gut untermengen und zu Kugeln formen.
Wenn die Schokolade die richtige Verarbeitungstemperatur erreicht hat, die
Kugeln auf einer Gabel in die Schokolade tauchen, etwas abtropfen lassen
und abklopfen. Dann auf ein Backpapier legen.

5. Zuletzt mit einem Pinsel etwas Goldpuder aufnehmen und die Zimtkugeln
damit bestreuen.

TIPP SCHOKOLADE TEMPERIEREN

1. Zwei Drittel der klein gehackten Kuvertüre im Wasserbad auf 40–48 °C schmelzen (nur durch Wasserdampf von siedendem Wasser, damit sie nicht zu heiß wird). Die Kuvertüre ist dann recht flüssig.

2. Unter Rühren auf einen niedrigeren Temperaturbereich (26-28 °C) abkühlen und die restliche klein gehackte Kuvertüre zugeben. Vorsichtig und gleichmäßig rühren, die Kuvertüre wird dann am Ende recht zäh.

3. Nun alles wieder auf die Verarbeitungstemperatur von 29–33 °C erwärmen. Die Kuvertüre ist dann nicht mehr so zäh, aber auch nicht so flüssig wie zu Beginn. Sie sollte langsam fließend und glänzend sein.

BÛCHE DE NOËL

Zubereitung: 45 Minuten
Back-/Ruhezeit: 3 Stunden
Portionen: 10–12 Kuchenstücke

SCHOKOCREME
185 g Vollmilchkuvertüre
200 g weiche Butter
100 g Puderzucker

BISKUITTEIG
4 Eier (Größe M)
1 Prise Salz
4 EL Wasser
140 g Zucker + 2 EL
1 Pck. Bourbonvanillezucker
90 g Weizenmehl
30 g Speisestärke

FÜLLUNG
370 g Wild-Preiselbeeren

DEKORATION
Backkakao und Preiselbeeren nach
Belieben
einige kleine Zweige Rosmarin

1. Zur Vorbereitung für die Schokocreme die Kuvertüre grob hacken und im Wasserbad schmelzen. Auf Raumtemperatur abkühlen lassen. Währenddessen den Biskuit herstellen. Dafür den Backofen auf 190 °C Ober-/Unterhitze vorheizen und ein Backblech mit Backpapier auslegen.

2. Eier trennen. Eiweiße mit Salz und Wasser steif schlagen. Zucker und Vanillezucker nach und nach einrieseln lassen, bis die Masse glänzt und leichte Spitzen zieht. Eigelbe nacheinander unterrühren. Mehl und Speisestärke auf die Eimasse sieben und vorsichtig unterheben. Die Biskuitmasse auf dem Backblech glatt streichen. In der zweiten Schiene von unten 10–12 Minuten backen. Ein (feuchtes) Geschirrtuch mit ca. 2 EL Zucker bestreuen. Den Biskuit noch heiß auf das Geschirrtuch stürzen. Backpapier vorsichtig abziehen und den Biskuit an der Längsseite mit dem Geschirrtuch einrollen. Auskühlen lassen.

3. Währenddessen für die Schokocreme die Butter und den Puderzucker ca. 5 Minuten mit dem Schneebesen eines Rührgeräts aufschlagen, bis die Creme fast weiß ist. Kuvertüre zugeben und nochmals kräftig verrühren.

4. Den Biskuit entrollen. Ca. 2 EL von den Preiselbeeren zur Seite stellen, den Rest auf den Biskuit aufstreichen. Etwa 5 cm am Rand der Längsseite nur sehr dünn einstreichen. Nun zwei Drittel der Schokocreme aufstreichen, die 5 cm am Rand aussparen. Den Biskuit wieder fest zusammenrollen und mind. 30 Minuten kalt stellen.

5. 1 EL der Creme beiseitestellen und die Rolle rundherum mit der restlichen Creme bestreichen. Ein relativ breites Stück von der Rolle abschneiden und mit etwas Creme als Ast an die Seite der Rolle kleben. Diesen Vorgang nach Belieben wiederholen, um auch z. B. auf der anderen Seite des „Baumstamms" ein schmales Stück oben aufzusetzen. Alle Ast-Ansätze gut mit Creme verschließen. Mit einer Gabel wellenförmig ein Muster durch die Creme ziehen und mit Kakaopulver bestäuben. Mind. 1–2 Stunden kühlen.

6. Den Baumstamm z. B. mit Preiselbeeren und Rosmarin (als Tannenzweige) verzieren.

ANGELS ARE OFTEN SENT AS FRIENDS

...and cookies

HAFERFLOCKEN-MAKRONEN

Zubereitung: 20 Minuten
Back-/Ruhezeit: 15 Minuten
Portionen: 16 Stück

MAKRONENMASSE

50 g Butter
150 g zarte Haferflocken
3 Eiweiß (Größe M)
1 Prise Salz
150 g Zucker
1 TL Speisestärke
100 g gemahlene Mandeln

WEITERHIN

16–20 Backoblaten
30–40 g Konfitüre nach Belieben
15 g Vollmilchkuvertüre

ZUBEHÖR

Eisportionierer oder 2 Esslöffel
(kleiner) Spritzbeutel

1. Den Backofen auf 150 °C Umluft vorheizen. Ein Backblech mit Backpapier auslegen und die Oblaten darauf verteilen.

2. Für die Makronenmasse in einer Pfanne Butter und Haferflocken erhitzen und anrösten. Zur Seite stellen und abkühlen lassen.

3. Eiweiße mit Salz mit dem Schneebesen eines Rührgeräts steif schlagen. Den Zucker nach und nach einrieseln lassen, bis die Masse glänzt und leichte Spitzen zieht. Die Haferflocken, Stärke und Mandeln unter die Eimasse heben.

4. Mit den Esslöffeln oder dem Eisportionierer kleine Häufchen der Makronenmasse auf die Oblaten setzen.

5. Nach Wunsch mit dem in Wasser getauchten Stiel eines Holzlöffels kleine Mulden in die Makronenmasse einstechen.

6. Die Konfitüre in die Mulden geben und 12–15 Minuten im Ofen backen.

7. Die Kuvertüre im Wasserbad schmelzen und in einen kleinen Spritzbeutel füllen. Nach dem Backen die Makronen mit feinen Linien aus Kuvertüre verzieren. Abkühlen und fest werden lassen. In einer Dose aufbewahren.

GOLDENE LINZER-PLÄTZCHEN

Zubereitung: 1 Stunde
Back-/Ruhezeit: 1 Stunde 30 Minuten
Portionen: 48 Stück

MÜRBETEIG
120 g kalte Butter
220 g Weizenmehl
70 g gemahlene Mandeln
75 g Zucker
1 Pck. Bourbonvanillezucker
1 Ei (Größe M)

FÜLLUNG
160 g Rote Johannisbeer-Konfitüre

DEKORATION
etwas Zucker
etwas Goldpuder
etwas Puderzucker

ZUBEHÖR
Linzerausstecher oder
runder Ausstecher in 2 Größen

1. Die Butter in kleine Stücke schneiden und mit Mehl, gemahlenen Mandeln, Zucker, Vanillezucker und dem Ei mit dem Knethaken eines Rührgeräts oder mit den Händen verkneten. Aus der Schüssel nehmen und nur kurz mit kalten Händen glatt verkneten, damit der Teig geschmeidig bleibt. Den Mürbeteig zu einem flachen Ziegel formen, in Folie wickeln und für mind. 60 Minuten im Kühlschrank kalt stellen.

2. Die Hälfte des Mürbeteigs mit den Händen auf der bemehlten Arbeitsfläche kurz durchkneten, dann mit einem Teigroller ca. 3 mm dick ausrollen. Beim Ausrollen den Teig zwischendurch hochheben und in Bewegung halten, damit der Teig nicht auf der Arbeitsfläche kleben bleibt.

3. Den Teig mithilfe des Ausstechers ausstechen (gleiche Anzahl Unterseiten wie Oberseiten mit Loch) und auf ein mit Backpapier ausgelegtes Backblech legen. Für ca. 10 Minuten nochmal in den Kühlschrank stellen.

4. Den Backofen auf 160 °C Umluft vorheizen. Etwas Zucker mit dem Goldpuder vermischen. Den ausgestochenen Teig aus dem Kühlschrank nehmen und die ausgestochenen Oberseiten mit Loch damit bestreuen. Für ca. 12 Minuten leicht goldbraun backen und danach abkühlen lassen.

5. Den restlichen Teig ausrollen, wie bei Punkt 3 Plätzchen ausstechen, kühl stellen und ebenfalls ca. 12 Minuten im Ofen backen. Etwas Puderzucker mit Goldpuder vermischen und mit einem feinen Sieb auf die ausgestochenen Ringe sieben.

6. Die Konfitüre in der Mikrowelle oder im Topf erwärmen, sodass sie fast flüssig wird. Ggf. die Beeren etwas zerdrücken. Auf die unteren Plätzchenhälften die Konfitüre auftragen. Darauf achten, dass die Beeren eher mittig sind. Die obere Hälfte aufsetzen und etwas auf die Konfitüre drücken.

7. Über Nacht durchziehen lassen, dann schmecken sie am besten. In einer verschlossenen Blechdose halten sie 4–5 Wochen.

Zubereitung: 1 Stunde
Back-/Ruhezeit: 8 Stunden
Portionen: 12 Kuchenstücke

BAISER

3 Eiweiß (Größe M)
100 g Zucker
1 Pck. Bourbonvanillezucker

TEIG

3 Eigelb (Größe M)
2 Eier (Größe M)
175 g Zucker
1 Prise Salz
200 g neutrales Pflanzenöl
(z. B. von Byodo Naturkost)
300 g Weizenmehl
2 TL Backpulver
2 TL Backkakao
1 TL Weihnachtsgewürz
175 g Rotwein oder Traubensaft

CREME

1 Pck. Vanille-Mousse
(z. B. von Byodo Naturkost)
150 g kalte Milch
200 g kalte Sahne
1–2 EL Zucker nach Belieben

DEKORATION

Granatapfelkerne, Puderzucker
und Rosmarin nach Belieben

ZUBEHÖR

Springform (Ø 26 cm)
Spritz-/Gefrierbeutel
Torten-/Brotmesser

SCHNEEGESTÖBER-TORTE

1. Den Backofen auf 160 °C Ober-/Unterhitze vorheizen und den Boden einer Springform mit Backpapier auslegen.

2. Für das Baiser die Eiweiße mit dem Schneebesen eines Rührgeräts steif schlagen und dabei langsam den Zucker und Vanillezucker einrieseln lassen. Die Masse in einen Spritzbeutel füllen.

3. Für den Teig die Eigelbe und die Eier, den Zucker und Salz ca. 3 Minuten mit dem Schneebesen eines Rührgeräts schaumig aufschlagen, bis die Masse hell-cremig ist. Nun das Öl unterrühren. Mehl mit Backpulver, Kakao und dem Weihnachtsgewürz mischen. Rotwein abwechselnd mit dem Mehl-Gemisch unter den Teig heben. Den Teig in die Springform geben und den Spritzbeutel an der Spitze ca. 1,5 cm groß aufschneiden. Mit der Baisermasse Tupfen auf den Teig setzen, sodass runde Hügel entstehen (damit keine Spitzen entstehen, den Spritzbeutel nicht nach oben ziehen, sondern seitlich weg). Dabei einen Rand von ca. 1 cm zur Springform lassen.

4. Den Kuchen im unteren Drittel des Ofens 70–80 Minuten backen, bis die Stäbchenprobe sauber bleibt. Am besten über Nacht auskühlen lassen. Den Kuchen mit einem Tortenmesser mittig, etwas unter der Baisermasse, teilen und den oberen Tortenboden in 10–12 Stücke schneiden. Zur Seite stellen.

5. Die Vanille-Mousse mit Milch und Sahne (nach Belieben mit Zucker) kurz mit dem Schneebesen eines Rührgeräts auf niedrigster Stufe verrühren, dann auf höchster Stufe steif schlagen. Auf den unteren Tortenboden auftragen. Nach Belieben Granatapfelkerne auf der Creme verteilen. Den oberen Tortenboden auf die Creme aufsetzen und großzügig mit Puderzucker bestäuben.

6. Kleine Stücke der Rosmarinzweige als winzige Tannen auf je ein Stück der Tort stecken und noch einmal mit Puderzucker bestäuben. Zum Schluss noch ein paar Granatapfelkerne als Deko auf die Torte geben.

> **TIPP** Das Weihnachtsgewürz lässt sich auch sehr gut selbst herstellen. Dazu einfach dem Teig jeweils 1 Prise Zimt, Nelken, Koriander, Sternanis und Piment zufügen.

TIPP Die Verwendung von Öl macht die Torte sehr saftig und luftig. Das Bio-Back-Öl Exquisit von Byodo gibt ihr zusätzlich noch eine fein-süße Marzipannote.

IN WEIHNACHTS-STIMMUNG?

snoopstar

GANZE SEITE SCANNEN UND MEHR ÜBER BYODO UND DAS REZEPT ERFAHREN.

ANLEITUNG SIEHE SEITE 3.

ISCHLER TANNENTÖRTCHEN MIT RUBY-SCHOKOLADE UND KONFITÜRE

Zubereitung: 50 Minuten
Back-/Ruhezeit: 2 Stunden
Portionen: 18 Stück

TEIG
100 g kalte Butter
50 g gemahlene Haselnüsse
120 g Weizenmehl
1 EL Backkakao
50 g Zucker
1 Prise Salz
etwas Butter

FÜLLUNG & DEKORATION
100 g Aprikosenkonfitüre
1 EL Rum nach Belieben
70 g Ruby-Schokolade
ggf. 1 TL neutrales Pflanzenöl
etwas Streudekor

ZUBEHÖR
Teigroller
Tannenbaum-Ausstecher

1. Die Butter in Würfel schneiden und die Haselnüsse sieben. Alles mit Mehl, Kakao, Zucker und Salz zu einem Mürbeteig verkneten. Zu einem flachen Rechteck formen.

2. Etwas Butter auf der Arbeitsfläche verteilen und ein Blatt Backpapier darauflegen (so verrutscht beim Ausrollen nichts). Den Teig darauf platzieren und mit Frischhaltefolie bedecken. Mit einem Teigroller ein ca. 3 mm dickes Rechteck ausrollen. Anschließend ca. 30 Minuten kalt stellen.

3. Den Backofen auf 190 °C Ober-/Unterhitze vorheizen. Mit dem Ausstecher Tannenbäume ausstechen und nach Belieben die Tannenbäume an den Seiten mit einem Messer etwas einritzen. Vor dem Backen den Teig noch einmal ca. 20 Minuten kühl stellen, damit im Backofen nichts verläuft.

4. Die Tannenbäume im Ofen 10–12 Minuten backen.

5. Den Fruchtaufstrich in einem Topf erhitzen, bis die Konfitüre flüssig ist. Nach Wunsch etwas Rum zugeben und unterrühren. Auf je eine Tannenhälfte geben, eine zweite Tannenhälfte darauf festdrücken und gut trocknen lassen.

6. Zwei Drittel der Ruby-Schokolade im Wasserbad schmelzen (Achtung: 45 °C nicht überschreiten!). Sobald sie geschmolzen ist, vom Wasserbad nehmen und das restliche Drittel zugeben (siehe Tipp S. 125), bis alles geschmolzen ist. Damit die Schokolade fließender wird, ggf. 1 TL Öl zugeben.

7. Ein Gitter auf Backpapier stellen und die Tannen aufs Gitter geben. Die geschmolzene Schokolade schräg über die Tannenspitzen gießen, ggf. die heruntergelaufene Schokolade wieder auffangen und die restlichen Tannen begießen. Anschließend das Gitter einige Male leicht auf die Arbeitsplatte klopfen. Kurz antrocknen lassen.

8. Zum Schluss die Tannentörtchen mit etwas Streudekor dekorieren. Alles gut durchtrocknen lassen.

GLUTEN FREI

SELBST GEMACHTE LECKERLIS, NICHT NUR FÜR LOTTA

Mischlings-Dame Lotta liebt ihr Frauchen Jenny – und deren selbst gebackene Kekse für Hunde! Dafür befolgt die Vierbeinerin dann auch mal Wünsche wie „Platz", „Sitz" oder übt eine Rolle. Als wichtiger Part im Meine-Backbox-Team hält sie die Stellung als „Chief Happiness Officer" im Büro und sorgt bei allen stets für super gute Laune. Zu ihren Aufgaben gehört, sämtliche Zweibeiner zu beschmusen und zu bespielen, damit die auch ihren Spaß haben, wenn's mal wieder hoch her geht. Ab und zu schleicht sie sich in ein Bild, ist – wie könnte es anders sein? – als exklusives Model sogar auf Social Media zu entdecken und hat deshalb selbstverständlich ebenfalls hier im Backbuch ihren ganz speziellen Platz.

LOTTAS LIEBLINGSLECKERLIS

Zubereitung: 40 Minuten
Back-/Ruhezeit: 20 Minuten
Portionen: 15–20 Stück

200 g Reismehl
100 ml Wasser
30 g gehackte Walnüsse
20 g gehackte Haselnüsse
1 Ei (Größe M)
1 EL Honig
1 EL Olivenöl

ZUBEHÖR
Teigroller
Ausstechformen
nach Belieben
(z. B. Hundeknochen)

Den Backofen auf 170 °C Umluft vorheizen. Die Zutaten miteinander vermischen, bis ein glatter, fester Teig entstanden ist. Den Teig ausrollen, mit beliebigen Ausstechformen Formen ausstechen und auf ein mit Backpapier ausgelegtes Backblech geben. Im Ofen ca. 20 Minuten backen. Anschließend auskühlen lassen.

Weitere Empfehlungstitel aus dem Tre Torri Verlag

SWEET & EASY
ENIE BACKT, BAND 5
MEIN GROSSES BACKBUCH
416 Seiten | zahlr. Farbfotos
21 x 28 cm | Hardcover
€ 29,90 (D) | € 30,50 (A)
ISBN: 978-3-96033-097-4

MEIN BACKBUCH
PATRICK DORNER
160 Seiten | zahlr. Farbfotos
19,5 x 25,5 cm | Hardcover
€ 19,90 (D) | € 20,50 (A)
ISBN: 978-3-96033-088-2

zu bestellen unter tretorri-shop.de

TRE**TORRI**

137